Syntaxe du français

프랑스어 통사론

김석근 지음

SYNTAXE DU FRANÇAIS

신아사

■ 이 연구는 2014년도 경상대학교 연구년제연구교수 과제임.

머리말

이 책은 프랑스어 문장의 통사구조를 분석하고 그 구성요소들의 기능을 고찰함으로써 프랑스어 기초문법을 대체로 익힌 분들이 프랑스어 문장의 통사구조를 이해하고 원문의 독해능력을 함양할 수 있도록 안내하는데 그 목적을 두고 있다.

프랑스어를 읽으면서 단어의 뜻은 모두 알고 있는데도 어딘지 모르게 의미 파악이 후련하지 못함을 느끼는 때가 있다면, 그것은 문장의 통사구조와 그 구성요소들의 기능에 대한 이해가 아직 부족한 때문일 것이다. 이런 점에서 착실한 안내서가 필요하겠기에 필자는 그간 전공학과의 강의를 위해 준비했던 자료들을 보완하여 아쉬운 대로 그 필요에 부응해 보고자 하였다.

이 책의 목적에 맞추어 언어의 체계와 구조를 중시하는 구조문법론의 성과들을 두루 반영하여 프랑스어 문장의 체계와 구조를 명시적으로 드러내 보이고자 노력하였다. 말하자면, 문장의 의미를 완전하게 파악할 수 있으려면 어휘지식은 물론이고, 문장의 통사구조에 대한 이해가 꼭 필요하므로 문장을 구성하는 요소들의 관계와 기능에 기술의 중점을 두었다. 그리고 예문들은 주로 문학작품에서 가져온 것으로서 필자가 직접 찾거나 이미 문헌에 사용된 것들을 선정해 다양하게 제시하였다.

프랑스어를 공부하는 학생들을 비롯한 여러분들의 천착과 따가운 질정을 기대하면서 이 책을 집필한 기간 필자가 참고한 수많은 참고문헌의 저자들과 이 책을 기꺼이 출판해 주신 신아사 여러분께 이 자리를 빌려 깊이 감사드린다.

2016년 8월

김석근

차 례

Syntaxe du français 프랑스어 통사론

SYNTAXE DU FRANÇAIS

통사론의 개요

1. 통사론이란

통사론(syntaxe)은 문장(phrase) 조직의 기저에 작용하는 규칙들을 탐구하고 명시하는 언어학 이론으로서 모든 화자들이 공유하는 모국어 사용법을 명시적으로 설명하고자 한다.

2. 문장 조직의 기저에 작용하는 두 가지 주요 규칙

1) 하나는 문장의 구성요소들이 명사, 동사, 형용사, 부사, 전치사 등 여러 가지 **범주**(catégorie)로 구별된다는 것이고, 2) 다른 하나는 이 범주들이 문장에서 **관계**(relation)를 맺고(문장의 주어, 동사의 보어, 형용사의 보어 등이 되고) 특정한 **위치**(position)를 차지한다는 것이다. 이에 따라 통사론은 문장의 구성요소들에게 본질적 특성(범주적 성질)과 관계적 특성(기능)을 부여한다. 프랑스어와 같이 어순을 가진 언어에서, 기능은 위치에 의해 표시된다. 그러나 굴절어에서 기능은 단어의 형태(굴절어미)에 의해 표시된다.

3. 언어단위의 구별

1) 통사론은 언어단위를 **최소단위**(명사, 동사, 형용사, 전치사 등과 같은 단어)와 **최대연쇄**(문장)로 구분한다.

2) 문장은 단어들의 연쇄(séquence)로 나타나지만, 단어들은 먼저 집단(groupe)을 이루어 구절(syntagme)을 형성하고, 이 구절들이 결합하여 문장을 구성한다. 따라서 문장은 단어들의 집단인 구절들(명사구, 동사구 등)로 직접 구성된다.
3) 구절의 존재는 몇 개의 단어들이 하나의 단위(unité)로 행동한다는 사실에서 확인된다. 예를 들어, 다음 문장에서:

(1) Il couvrit les pages de ses carnets de dessins de barques de pêcheurs.

두 연쇄 les pages de ses carnets와 de dessins de barques de pêcheurs는 각각 하나의 구절을 형성하는데, 이 두 연쇄가 각각 단 하나의 대명사 en, les로 대리될 수 있기 때문이다:

(2) Il en couvrit les pages de ses carnets.
(3) Il les couvrit de dessins de barques de pêcheurs.

4) 구절은 핵심어(tête)와 그 보어(complément)로 구성된다. 구절의 핵심어 범주가 그 구절의 범주를 결정한다. 예를 들어, 명사가 핵심어인 구절은 명사구(syntagme nominal : SN)가 되고, 동사가 핵심어인 구절은 동사구(syntagme verbal : SV)가 된다. 게다가 명사구는 핵심 명사 앞에 구조적 위치 하나를 포함하며, 이 위치는 한정사(déterminant)의 역할을 하는 요소로 채워져야 한다.

5) 통사론은 문장의 구조를 각괄호나 수형도로 나타낸다. 괄호는 구절을 나타내며, 괄호마다 범주명을 갖는다:

(4) [$_{P}$ Il [$_{SV}$ couvrit [$_{SN}$ les pages de ses carnets] [$_{SP}$ de dessins de barques de pêcheurs]]]

4. 기능의 구별

문장은 명사구와 동사구라는 두 가지 구절로 구성된다. 명사구는 주어이고 동사구는 술어이다. 이를 다음과 같이 표기한다:

(5) [$_{P}$ SN SV]

동일한 성질의 두 구절(예를 들어, 명사구 le chasseur, le lion)은 자신들이 차지하는 위치에 따라 서로 다른 기능을 수행한다(동사 앞에서는 주어, 동사 다음에서는 보어):

(6) Le chasseur tue le lion.
(7) Le lion tue le chasseur.

5. 단어의 특성

1) 하위범주 구분

단어는 어떤 특정 보어만을 허용하는 특성을 갖는다. 그래서 통사론은 예를 들어, 직접보어를 갖는 manger, dire와 같은 동사

(manger une pomme, dire deux mots), 전치사구 보어를 도입하는 parler, se souvenir와 같은 동사(parler à son voisin, se souvenir de la guerre), 그리고 구조적 의존 관계에서 보어를 갖지 않는 mourir, dormir와 같은 동사를 구별한다.

단어의 이러한 구성적 특성에 의거하여 통사론은 동일한 범주의 단어들을 **하위범주**sous-catégorie(직접타동사, 간접타동사, 자동사)로 구분한다. 형용사나 명사 등도 동사와 같이 하위범주 구분의 특성을 갖는다.

하위범주 구분의 관계는 일방적이다. 즉 단어의 하위범주 구분은 보어의 범주유형을 향해 이루어진다.

2) 선택 제한

단어들은 의미적 양립관계를 맺는다. 예를 들어, 동사 effrayer(겁나게 하다)는 타동사이다. 그런데 아무 명사라도 이 동사의 보어 명사구에 나타날 수 있는 것은 아니다(*J'effraye le fromage). 동사 effrayer와 그 보어를 구성하는 명사 간에는 **선택 관계**(relation de selection)가 있다. 동사 effrayer는 의미상 겁낼 수 있는 대상을 보어로 선택하므로 그런 의미자질을 가진 명사를 보어로 선택한다(J'effraye mon voisin). 이 선택 관계에서 선택이란 의미적 선택인 것이다.

선택 관계는 하위범주 구분의 관계와는 달리, 역행가능하거나 쌍방적이다. 이 두 유형의 관계는 동일한 작용영역을 갖지 않는다. 예를 들어, 동사는 주어와 하위범주 구분의 관계를 맺지 않는다. 즉 동사는 주어를 가진다는 사실에 의해 다른 동사와 구별되지 않는다. 모든 동사가 주어를 가지기 때문이다. 반면에, 동사와 주어 명사 간에는 선택 관계가 존재할 수 있다. 예를 들어, 동사 redouter(무

서워하다)는 추상 명사의 구절을 주어로 가질 수 없다(*Le danger redoute le soldat).

3) 논항구조

논항(argument)이란 동사가 나타내는 행위나 사건이 논리적으로 완성될 수 있기 위해 꼭 필요한 항을 말한다. 이 논항들의 관계가 **논항구조**(structure d'argument)이다. 동사 aimer(사랑하다)를 예로 들어 보면, 사랑의 행위가 완성될 수 있기 위해서는 사랑의 행위자와 사랑의 대상이 필요하다. 따라서 이 두 논항이 있어야 동사 aimer의 논항구조(행위자+aimer+대상)가 완성된다. 논항의 의미적 역할을 **의미역**(rôle thématique ou sémantique)이라 부르고, 동사 aimer와 같이 두 개의 논항을 요구하는 술어를 **두 자리 술어**(또는 2항 술어)라고 한다. 이 논항구조는 어휘부가 제공하는 통사정보로서, 문장의 통사구조(structure syntaxique)를 이루는 바탕이 된다.

6. 정규어순의 개념

문장을 분석해서 문장의 범주적 구조와 기능적 구조를 규명하기 위해 통사론에서는 **기준으로 삼는 구조**(structure de référence)를 설정한다. 이 기준 구조를 **정규구조**(structure canonique) 또는 **정규어순**(ordre canonique)이라고 한다. 정규구조 또는 정규어순은 기능이 특정 범주와 특정 위치의 연합으로 인식될 수 있는 어순(평서문 어순)이다. 다음 구조에서:

(8) $[_{P} [\ SN\ ]\ [_{SV}\ V\quad SN\quad SP\ ]]$

동사(V) 앞 위치의 SN은 문장의 주어 기능을 수행하는 것으로 해석되고, 동사 다음 위치의 SN은 동사의 직접보어 기능을 수행하는 것으로 해석되며, 전치사구 SP는 동사의 또 다른 보어 기능을 수행하는 것으로 해석된다.

이 정규구조는 문장의 구성요소들 중에서 그 기능이 위치와 관련해서 결정되는 요소들만 포함한다. 즉 필수적인 구절(주어구와 동사구)만 포함한다. 특정 위치에 연결되지 않고 기능적 역할을 수행하는 요소들(위치가 고정되지 않는 시간이나 장소 등의 상황보어들)은 분석에서 제외한다.

7. 기능과 위치의 불일치

정규구조는 그 구조에 부합하는 연쇄들을 기술하는 데만 사용될 뿐만 아니라, 또한 그 구조에 부합하지 않는 연쇄들의 통사적 특징을 규명하는 데도 사용된다.

정규위치를 차지하지 않고서도 기능적 역할을 수행하는 요소들이 있다. 예를 들면:

(9) Tu vois le loup.

a) Tu le vois.

b) Le loup que tu vois...

c) Que vois-tu?

d) Tu sembles voir le loup.

인칭대명사 le, 관계대명사와 의문대명사 que는 동사 voir의 직접목적보어 기능을 수행하는 것으로 해석된다. 그런데 이들은 이 동사 다음 위치(le loup의 위치)에 있지 않다.

그래서 통사론은 기능을 부여하는 기능 위치와 기능을 하나만 부여하지 않는 비기능 위치를 구별한다. 사실, 인칭대명사의 동사 앞 위치는 하나의 기능만 부여되는 위치가 아니다(Je la vois / Je lui parle). 관계대명사의 문두 위치도 마찬가지다(L'homme que je vois / dont je parle / qui est là).

문두 위치는 정규적 위치에 의한 기능을 수행하는 관계사와 의문사의 원래 위치가 아니라, 문장에서 아무런 기능도 수행하지 않는 종속접속사(si, que)의 위치이다. 그래서 현대통사론(생성문법론)은 문두의 이 비기능 위치를 **보문소**(complémenteur : C) 위치라 명명하고, 보문소가 문장을 보어로 취한 구조(보문소구) [$_{SC}$ C P]로 표기한다.

그런데 c)에서 보듯이, 의문사 que만 비정규 위치에 있는 것이 아니라, 동사 'vois'도 비정규 위치에 있다. 특히 의문사는 현재 위치로부터 기능을 부여받는 것이 아니다. 그래서 현대통사론은 **핵 계층 이론**(X'-이론)에 따라 문장 앞에 보문소 위치뿐만 아니라 다른 위치(보문소 C의 **지정어** spécifieur 위치)도 하나 설정하게 되고(지정어+C+P), 주어는 제자리에 있지만, 동사는 C의 위치로, 의문사와 관계사는 C의 지정어 위치로 **이동**(mouvement)하는 것으로 설명한다. 핵계층 이론이란 구절의 핵(X)은 중간범주(X')와 최대범주(XP)로 투사된다는 이론이다.

d)에서 주어 tu는 sembler의 주어가 아니라 voir의 주어이다. 따라서 이 tu도 voir의 주어 위치에서 이 위치로 이동한 것으로 설명한다. 현대통사론에서 주어의 이동을 **논항 이동**이라고 하고, 관계사를 포

함한 의문사 이동을 **운용자 이동**(Qu-이동), 동사나 조동사의 이동을 **핵 이동**이라 한다. 그래서 문장의 통사구조는 통사단위들의 **병합**(두 개 단위의 결합)과 **이동**에 의해 완성된다고 본다.

8. 공범주

정규구조가 예시하는 [SN V SN]이나 [SN V]와 같은 연쇄에서 주어 SN은 보이지 않고, [V SN]이나 [V]만 관찰되는 구문이 있다. 프랑스어 부정법 구문이 그것이다:

(10) Il m'a promis de sortir.

(11) Il m'a permis de sortir.

두 문장에서 sortir의 주어 위치에 있는 요소를 발견할 수 없다. 그렇지만, 두 문장은 각각 Il m'a promis qu'il sortirait, Il a permis que je sorte로 해석된다.

그래서 부정법 동사의 주어 부재만 확인하는 것이 아니라, 어휘로 실현되지 않은 범주, 즉 **공범주**(catégorie vide)를 설정하게 된다. 형태론에 공형태소(morphème zéro)가 있듯이, 통사론에 공범주가 있게 된다. 현대통사론에서 이 공범주 주어를 **PRO**로 표기한다.

(12) [$_{P}$ PRO SV]

이 공범주 주어 PRO는 sortir의 주어 논항으로서 해석상으로 이해될 뿐만 아니라, 또한 통사적으로 행동한다 : J'ai décidé de partir volontairement에서 주어지향부사 volontairement의 통사와 관련해서 동사 partir의 주어 PRO의 통사적 존재가 확인된다. 즉 자발적으로 떠나는 자(PRO)를 통사구조에 상정해야 주어지향부사의 통사가 설명된다.

통사론의 일반적 성격은 가설적 모델을 설정해서 그것을 언어 자료에 대면시켜보는데 있다. 이 모델은 자료들의 성질에 대해 문제를 제기하도록 해준다. 통사론은 이 모델을 가지고 언술체들을 면밀히 검토한다. 이런 의미에서 통사론은 가설-연역적이다. 그러나 변하지 않는 목적은 자연언어의 작동방식을 설명하는 것이다. 이런 의미에서 언어학은 경험적 학문이다.

1. 문 장

통사론의 연구대상은 **문장**(phrase)이다. 이 장에서는 문장의 형성, 문장의 체계화, 문장의 유형과 형태, 문장의 종류 등을 살펴봄으로써 통사론의 연구대상인 문장에 대한 이해를 심화한다.

사람이 의사소통을 위해 사용하는 수단에는 여러 가지가 있겠으나 그 중에서 음성이나 문자를 이용한 **언어**(langue)가 가장 널리 사용된다. 사람이 언어를 사용하는 행위를 **언술활동**(langage)이라고 하는데 지구상의 여러 민족과 종족들은 제각기 특유한 언술활동을 영위하고 있다.

언술활동을 성립시킬 수 있는 최소의 표현단위가 **언술체**(발화체 énoncé)이다. 언술체는 누가 언제 어디서 누구에게 행한 **언술행위**(énonciation)의 산물로서 다음과 같은 자율적 언어체들이다.

(1) Ouf!

(2) Quel homme!

(3) Idiot!

(4) Honte à toi!

(5) Assurément.

(6) Pierre est arrivé.

외마디 말로 된 의사표현도 상대방에게 이해되는 한에서는 모두 (6)의 문장과 같이 언술체가 되는 것이다.

언술체는 사고의 동기가 되는 **주제**(thème)와 사고의 귀착이 되는 **객술**(propos)의 두 가닥으로 이루어진다. 주제는 언술의 대상이고, 객술은 대상에 대한 언술이다. 예를 들어, Qu'est-ce que tu fais à huit heures?의 대답으로 A huit heures, je me lève라고 했을 때, A huit heures는 주제이고 나머지 je me lève는 객술이 된다. 이 주제/객술의 구별은 **담화**(discours)에 관련되는 것으로서 하나의 언술체(énoncé)에서 이미 알고 있는 것(주제)과 새로운 것(객술)의 구별이다. 객술은 그러므로 대화 상대자에게 전해지는 새로운 정보가 되는 것이다.

i) 문장과 언술체는 개념적으로 구별된다. 문장은 **랑그**(langue)차원의 것으로서 개인의 언술행위와 그 상황이 배제된 추상적 개념의 것이고, 언술체는 **파롤**(parole)차원의 것으로서 그것을 언술한 개인의 행위와 상황이 연관되어 있는 구체적이고 실제적 개념의 것이다. 언술체 중에는 문장의 형식을 갖춘 것도 있음은 물론이다. 본서에서는 언술체/문장을 구별하지 않고 모두 '문장'이라 칭할 것이다.

통사론은 Pierre est arrivé와 같이 문장의 형식을 갖춘 정규적 언술체에만 관심을 갖는다. 그래야 통사론이 제대로 성립할 수 있고, 다른 언술체들을 분석할 수 있기 때문이다.

1. 문장의 형성

Touchés?, Non, Parfait와 같이 사고의 가닥이 하나인 문장을 일지문(monorème)이라고 한다. 일지문은 주제는 없고 객술만으로 이루어져 있는 점이 특징이다. 객술만으로 의사소통이 가능할 수 있는 것은 언술상황이나 문맥이 주제가 무엇인지 알 수 있게 해주기 때문이다.

사고의 두 가닥인 주제와 객술이 모두 구비되어 있는 문장을 이지문(dirème)이라 한다. 대개 주제는 사고의 출발이 되는 것이므로 먼저 언술되고, 사고의 귀착이 되는 객술은 뒤에 언술된다.

(1) Moi, heureuse!

(2) Là-dedans, Jean?

(3) Maman, partie.

(4) Mentir, honte.

(5) Finie, la corvée.

위 예에서 보는 바와 같이 이지문은 언술상황이나 문맥에의 의존을 벗어나서 언어적 독립성을 많이 지니고 있기 때문에 일지문보다는 진보된 단계의 문장이라 할 수 있다.

2. 문장의 체계화

이지문의 단계에서 사고의 두 가닥이 어법에 맞는 논리적 작업에 의해 서로 연결되면 문장은 체계화된다. 주제와 객술 사이에 que나 de 같은 접사(cheville)가 놓이거나 주제를 유도하기 위해 il y a ..., c'est ..., voilà .... 같은 것이 사용되는데, 보다 중요한 연결(soudure)은 인칭동사의 등장이다.

(1) ***C'est*** une honte (***que***) ***de*** mentir.

(2) Je ***suis*** heureuse!

문법적 조치에 의해 문장이 체계화될 때, 사고의 심리적 과정에서 주제이던 것은 대개 **주어**(sujet)로 되고 객술이던 것은 **술어**(prédicat)로 된다. 주어/술어의 구별은 문장의 논리적 재단에 해당하는 것으로서 주어는 언술의 대상이고, 술어는 이 대상에 대한 언술 부분이다.

(3) Marie(주어)/est intelligente(술어)

(4) Pierre(주어)/poursuit des études(술어)

그러나 주제와 주어, 객술과 술어가 반드시 일치하는 것은 아니다. 주제가 주어로 되는 것은 그것이 동사의 주어로 될 때이다. 예를 들어, Il m'a posé cette question에서는 주제와 주어가 일치하지만, me가 주제로 포착되면 C'est à *moi* qu'il a posé cette question으로 표현될 수 있겠고, Je suis heureuse에서 heureuse가 주제로 포착될 경우에는 *Heureuse*, je le suis로 표현될 수 있을 것이다. 이 경우에서 je le suis는 객술이다. 그러나 억양이나 통사법에 의해 강조된 요소가 없는 문장에서는 주제/주어의 구별이 중화(neutralisation)되어 있다고 볼 수 있다. 이렇게 문장의 심리적 파악이 어떠하냐에 따라서 문법적 조치(통사법)에 많은 변화가 있게 된다.

3. 문장의 유형

문장은 화자의 의사소통 동기에 따라서 **평서문**(phrase déclarative), **의문문**(interrogative), **명령문**(impérative), **감탄문**(exclamative)의 4가지 유형(type)으로 나타난다. 이 네 가지 유형을 **언술양태**(modalité d'énonciation)라고 한다.

1) 서술문 : 화자가 상대방에게 무엇을 알리거나 자신의 생각을 서술할 때 사용된다.

(1) Paul est venu te voir ce matin.

2) 의문문 : 화자가 상대방에게 질문하여 어떤 정보를 얻고자 할 때 사용된다.

(1) Paul est venu te voir ce matin?

(2) Est-ce que Paul est venu te voir ce matin?

(3) Paul est-il venu te voir ce matin?

3) 명령문 : 화자가 누구에게 어떤 행동을 하기를 바라거나 명령이나 부탁을 하고자 할 때 사용된다.

(1) Viens tout de suite me voir!

4) 감탄문 : 분개, 놀람, 경탄 등 원색적 감정을 표현할 때 사용된다.

(1) Ce spectacle est étonnant!

문장은 이 4가지 유형 중 어느 하나에만 속하게 된다. 하나의 문장이 의문문이면서 동시에 명령문이거나, 의문문이면서 동시에 평서문일 수는 없는 것이다.

4. 문장의 형태

전술한 문장의 4가지 유형들은 각각 **긍정형**(forme affirmative)이 아니면 **부정형**(négative), **능동형**(active)이 아니면 **수동형**(passive), **중성형**(neutre)이 아니면 **강조형**(emphatique)으로 나타난다.

1) 긍정형 / 부정형

(1) Paul a réparé le poste. / Paul n'a pas réparé le poste.

(2) Paul a-t-il réparé le poste? / Paul n'a-t-il pas réparé le poste?

(3) Répare le poste! / Ne répare pas le poste!

(4) Comme c'est curieux! / Ce n'est pas vrai!

2) 능동형 / 수동형

(1) Paul a réparé le poste. / Le poste a été réparé par Paul.

(2) Paul a-t-il réparé le poste? / Le poste a-t-il été réparé par Paul.

(3) Que cette preuve vous convainque! / Soyez convaincu par cette preuve!

(4) On a enfin obtenu satisfaction! / Satisfaction est enfin obtenue!

3) 중성형 / 강조형

(1) Paul a réparé le poste. / Paul, lui, a réparé le poste.

(2) Paul a-t-il réparéle poste? / Le poste, Paul l'a-t-il réparé?

(3) Racontez-moi cela! / Vous, racontez-moi cela!

(4) C'est extraordinaire! / Ça, c'est extraordinaire!

문장은 하나의 유형에 속하고 몇 가지 형태에 속한다. 문장의 유형들은 상호 배타적이지만, 문장의 형태들은 동일한 문장 속에 결합될 수 있는 것이다. 예를 들어, Ce détail, les enquêteurs ne l'ont pas remarqué는 평서문의 유형이고 능동형, 부정형, 강조형의 형태이다.

5. 문장의 종류

하나의 술어동사를 중심으로 해서 구성된 문장을 **단문**(phrase simple)이라 하고, 두 개 이상의 단문이 모여서 이루어진 문장을 복문(phrase complexe)이라고 한다. 그러므로 복문에는 술어동사의 수만큼의 단문이 있게 되는 것이 보통이다.

1) 단 문

(1) Mon frère paresseux a fini par redoubler sa classe.

(2) Ne vous attardez pas de ce côté-là.

2) 복 문

(1) La souffrance est infinie, elle prend toutes les formes.

(2) Il prit son briquet et commença à en battre la molette avec une patiente application.

(3) Je sais qu'il est malade.

(4) Je veux un mouton qui vive longtemps.

복문을 구성하는 단문을 절(proposition)이라 한다. 문장이 다른 문장의 구성성분으로 들어간 것이다. 단문을 결합해서 복문을 구성하는 방식에는 세 가지가 있다. 병치(juxtaposition), 등위(coordination), 종속(subordination)이 그것이다.

병치는 두 개 이상의 문장을 아무런 연결사도 없이 나열하는 방식이다. 병치된 각 문장을 병치절(proposition juxtaposée)이라 하는데 형식상으로는 독립되어 있어서 사실의 나열이기는 하나, 내용상으로는 의미적 관련이 있는 것이 보통이다.

(1) La rue était calme, pas une voiture ne circulait.
(2) Il fait froid, nous ne sortirons pas.
(3) Vous y mettrez tout votre argent, vous ne sauverez pas cette maison de la faillite.
(4) On la croyait timide, elle se montra hardie.

등위는 두 개 이상의 문장을 등위접속사로 연결하는 방식이다. 문장들 간의 상호관계가 연결사에 의해 어휘적 의미로 명시된다. 등위된 각 문장을 등위절(prop. coordonnée)이라 한다. 연결사로는 et, enfin; ou, ou bien, soit; mais, pourtant, par contre; car, en effet, donc, aussi 등과 같은 등위접속사가 쓰인다.

(1) L'ouvrier n'aime plus son métier, *et* cela ébranle le monde.
(2) Le roseau plie, mais il ne se casse pas.

(3) Vous obéirez, *ou bien* vous en subirez les conséquences.

(4) Il est tard, *pourtant* je me mettrai encore au travail.

(5) Le devoir s'étend à tous les êtres, *car* tous ont leur place dans l'univers.

(6) Sa bourse était vide et sa santé délabrée, *aussi* avait-il jugé bon de venir se refaire dans la maison paternelle.

종속은 문장을 다른 문장이나 구의 구성요소로 사용하는 방식이다. 종속된 문장을 종속절(prop. subordonnée)이라 하고, 종속절을 내포하는 절을 주절(proposition matrice)이라고 한다. 병치나 등위에서와는 달리 연결된 두 문장(주절-종속절)은 자율성을 갖지 못한다. 종속은 그러므로 문장들 간에 의존관계를 수립한다.

종속절은 주어, 보어, 속사, 수식어, 상황보어 등의 기능을 한다. 명사와 같이 주어, 보어, 속사 기능을 하는 절을 보어절(prop. complétive), 형용사와 같이 수식어의 기능을 하는 절을 관계절(prop. relative), 부사와 같이 상황보어의 기능을 하는 절을 상황절(prop. circonstancielle)이라고 부른다.

보어절

(1) *Que vous partiez* ne vous servira à rien. (cf. Il ne vous servira à rien *que vous partiez*).

(2) L'espoir *qu'il sera reçu* l'enhardit.

(3) Je sais *qu'il est malade.*

(4) Les gens trop sûrs *qu'on les admire* sont bien ridicules.

(5) Dès *qu'il fut couché*, le someil l'emporta.

(6) Le versant sud de la montagne est très sec, alors *que le versant nord est pluvieux.*

(7) La vérité est *que je ne m'y attendais pas.*

동사의 보어로 사용된 간접의문절(prop. interrogative indirecte)도 보어절의 일종이다.

(1) Elle te demande *si tu pars.*

(2) Je ne sais pas *où tu vas / qui est venu / ce qu'il a dit / ce qui le tracasse.*

다음과 같은 부정법절(prop. infinitive)도 동사의 보어로 사용된 것이므로 보어절의 일종이다.

(1) On sentait *l'hiver venir.*

(2) On entendait au loin *rouler des fiacres.*

관계절

(1) Il regarde les fleurs *qui poussent dans le jardin.*

(2) Le chapeau *qu'elle porte* ve bien avec sa robe.

(3) La dame *à qui vous avez parlé tout à l'heure,* qui est-elle?

(4) C'est un succès *dont il est fier toujours.*

상황절

상황절은 부사적 기능을 하는 절로서 이것에는 **절대분사절**(prop. participe absolue), **제롱디프**(gérondif)가 해당되고, 상황적 가치를 갖는 **동격 관계절**(설명적 관계절)과 **동격 분사절**도 이에 해당될 수 있다.

(1) *L'été fini*, je suis rentré à Paris. (절대분사절).

(2) *En mangeant moins*, vous vous porteriez mieux. (gérondif).

(3) De nombreux congressistes, *qui possédaient une voiture / possédant une voiture*, étaient venus par la route.
(동격 관계절 / 동격 분사절).

(4) *Quand tu auras lu ce roman*, tu me le prêteras.

(5) *Comme il arrive demain*, il faut préparer une chambre.

(6) Je ne sortirai pas, *s'il pleut.*

종속절이 내포된 복문에서 관찰할 수 있는 바와 같이, 복문이라고 해서 단문의 구조와 근본적으로 다른 구조를 갖는 것은 아니다. 예를 들어, 다음 각 두 문장을 비교해보자.

(1) a. *Son départ* m'a beaucoup affecté.
b. *Qu'il ait pu partir* m'a beaucoup affecté.

(2) a. Je crois *Pierre.*
b. Je crois *que Pierre a raison.*

(3) a. Pierre a une voiture *verte.*

b. Pierre a une voiture *qui roule vite.*

(4) a. J'irai en ville *demain.*

b. J'irai en ville *dès que je pourrai.*

종속절이 (1)에서는 주어 명사구 son départ를 대체했고, (2)에서는 목적보어 Pierre를, (3)에서는 부가형용사 verte를, (4)에서는 부사 demain을 대체했다는 것만 다를 뿐이지, 단문(a)와 복문(b)의 구조는 동일하다. 그래서 전통문법에서는 보어절, 관계절, 상황절을 각각 명사절, 형용사절, 부사절이라 불렀는데, 단문에서 각 품사가 수행하는 기능에 입각한 것이다.

절의 종류에는 이 외에도 **삽입절**(prop. incise)이 있다. 문장 가운데에 삽입되었거나 문장 끝에 첨가된 독립적 성질의 절이다.

(1) La pièce, *je crois*, aura du succès.

(2) J'ai l'amour de la raison, je n'en ai pas le fanatisme, *répondit Brotteaux.*

2. 단 어

문장을 구성하는 기본적 단위로 널리 인식되고 있는 것이 **단어**(mot)이다. 그래서 문장의 구성과 의미를 이해하기 위해서는 단어에 대한 지식이 필수적이다. 이 장에서는 통사와 어휘의 관계, 단어의 분류기준, 단어의 범주구분, 단어의 하위범주구분 등을 살펴봄으로써 단어에 대한 이해와 단어-문장의 관계에 대한 이해를 도모하고자 한다.

문법은 언어를 기술하기 위해 언어의 단어들을 **품사**(parties du discours)로 분류해놓았다. 그래서 우리는 예를 들어, feuille, beauté, rivière 등은 명사, chanter, prendre, dormir 등은 동사, très, heureusement, jamais 등은 부사라고 부르고 있다. 품사는 전통문법의 용어이다. 오늘날에는 품사를 문법적 **범주**(catégorie grammaticale) 또는 통사적 **부류**(classe syntaxique)라고 부른다. 대개 이 세 가지 용어를 통일해서 범주라고 부른다.

1. 통사와 어휘

단어들을 범주로 분류하는 중요한 이유는 통사규칙을 일반적 공식으로 나타낼 수 있기 때문이다. 범주를 사용하지 않고 명사구에서 단어들의 순서를 정하는 규칙을 만든다고 생각해 보자. 가령, le chien court에서는 〈le는 chien 앞에 온다〉는 규칙1을 만들어야 할 것이고, j'ai vu un oiseau에서는 〈un은 oiseau 앞에 온다〉는 규칙2를 만들어야 할 것이다. 그런데 이런 식으로 프랑스어 명사구를 기술하려면, 무한 수의 공식이 필요할 것이다. 반대로, 어휘단위들을 품사로 분류하여 le, un, mon, ce 등은 한정사, chien, oiseau, miel 등은 명사라고 분류해 놓고, 이 품사 용어를 사용하면, 프랑스어 명사구의 어순규칙은 〈한정사는 명사 앞에 온다〉는 규칙3 하나로 통일될 수 있다.

규칙1과 규칙2를 가진 문법 보다는 규칙3을 가진 문법이 더 유리할 것임은 명백하다. 그 문법은 어휘단위의 선택과는 무관한, 일반적 통사규칙을 만들 수 있기 때문이다. 범주론은 그러므로 특수에서 일반으로 나아가게 한다. 이것은 문법의 영역에서 우리가 만난 최초의 일반화이다.

범주의 개념은 문법의 두 부분인 어휘부와 통사부의 연결점에 있다. 말하자면, 어휘부는 언어의 단위들을 범주별로 기술하고, 통사부는 이 범주들의 결합규칙을 기술하는 것이다. 그래서 통사규칙은 범주의 이름으로 명시된다. 예를 들어, 명사구의 통사규칙인 〈한정사는 명사 앞에 온다〉가 그렇고, 〈동사는 주어 명사와 일치한다〉는 규칙이 그렇다. 그래서 어휘부에서 각 단어는 범주 정보를 갖게 된 것이다.

범주론은 현대 언어학의 전망인 통사부를 어휘부에 연결하는 전망 속에 위치한다. 현대 언어학에서 범주론은 고대 문법처럼 단어의 성질이나 품사 기술의 논리적 질서 등의 문제를 다루는 것이 아니라, 통사적 문제와 관련하여 〈어떤 단위가 어떤 구문에서 어떤 위치에 나타날 수 있는가?〉라는 문제를 다룬다. 명사, 동사, 형용사 등의 차이는 성질의 이름으로 설명되기 보다는 결합가능성의 이름으로 설명된다.

범주가 수행하는 이론적 역할을 일단 인식하고 나면, 문법가들은 이제 범주들의 목록을 어떻게 작성할 것인가라는 문제를 다루게 된다. 문법가들이 사용한 기준에 따라 단어들의 분류 목록은 상이하게 작성되었다. 보통 단어들은 명사, 관사, 형용사, 대명사, 동사, 부사, 전치사, 접속사, 간투사 등 아홉 범주로 분류된다.

2. 단어의 분류기준

1. 전통적으로 문법이 단어들의 범주를 정의하기 위해 사용한 기준은 크게 세 가지이다. 단어의 의미, 형태, 기능이 그것이다. 의미적 기준에 의한 정의는 범주의 특징적 의미를 사용해 정의하는 것이고(명사, 동사의 정의), 형태적 기준에 의한 것은 범주의 형태적 특성들(동사의 활용형, 성, 수 등에 따른 변화형, 약세형/강세형 등)을 사용해 정의하는 것이며, 기능적 기준에 의한 것은 그 범주가 문장에서 다른 범주와 맺는 관계를 사용해 정의하는 것이다(한정사, 부사, 대명사, 전치사. 접속사 등의 정의).

대개 문법들은 정의할 범주와 내세운 이론에 따라 이 세 가지 기준을 혼용한다. 예를 들어, 전치사와 접속사의 정의는 기능적 기준과 형태적 기준을 사용하고, 의미적 기준은 사용하지 않는다. 이 부류의 단어들(à, de, que 등)은 의미를 지니지 않기 때문이다. 반대로, 부사의 정의에는 분포적 기준은 유용하지 않다. **분포**(distribution)란 단어가 나타나는 위치나 환경을 말하는데, 문장에서 부사의 위치가 다양하기 때문이다.

(1) a. *Seulement*, il a voulu marquer le coup.

b. Il a *seulement* voulu marquer le coup.

c. Il a voulu *seulement* marquer le coup.

d. Il a voulu marquer le coup, *seulement*.

이런 부사들을 분포적 기준으로 분석하면, 이들을 몇 가지 하위 범주로 분류해야 되므로, 부사 부류 전체의 특징을 나타내기 위해 의미적 기준(동사를 수식하는 단어)을 사용하게 되는 것이다.

명사, 동사, 형용사와 같은 주요 범주의 정의에는 의미적, 형태적, 통사적 기준(분포, 기능)이 혼용되며, 각 문법 마다 이론적 전제에 따라 이 기준들 중 어느 하나를 강조한다.

2. 언어학에서 내세우는 기준은 **분포적 기준**이다. 이 기준은 단어의 위치와 기능을 아우르는 통사적 기준으로서, 의미적 기준과 형태적 기준의 단점을 보완한, 의미 중립적인 과학적 기준으로 간주된다.

언어의 단위들은 서로 결합해서 상위층위의 단위를 형성한다. 즉 음소들이 결합해서 형태소를 형성하고, 형태소들이 결합해서 단어를 형성하며, 단어들이 결합해서 구절을 형성하고, 구절들이 결합해서 문장을 형성한다. 그런데 이 단위들이 아무렇게나 서로 결합하는 것은 아니다. 언어 마다 각 층위에서 단위들의 결합가능성에 제약과 제한을 두고 있다.

이 제약은 연쇄(통합축)에서 단위들 상호간의 위치를 지배하는 분포적 제약이다. 분포란 단위가 나타나는 위치나 환경(문맥)을 말하는데, 동일한 환경에 나타나는 단위들을 동일한 **분포적 부류**(classe distributionnelle)에 속한다고 말한다. 예를 들어 다음에서,

(2)

(부류1)	(부류2)	(부류3)	(부류4)	(부류5)
Le	concierge	monte	nos	lettres
Un	gardin	donne	les	clefs
Notre	facteur	apporte	ces	imprimés

le, un, notre가 동일한 부류에 속하고, concierge, gardien, facteur가 하나의 부류를 형성하며, donne, monte, apporte가 또 하나의 부류를 형성한다. 동일한 부류에 속하는 단위들은 서로 대체가능하다. 그래서 **대체 테스트**(test de commutation)는 분포적 부류를 확인하는 유용한 방법이 된다.

분포적 분석은 범주에 대한 의미적 정의의 모호한 개념을 제거하고, 단위들의 실제적 행태만을 고려하는 장점을 갖는다. 그래서 '남성 단수 명사들'의 부류는 merveilleux, vert 등이 그 다음에 올 수 있고, ce, mon 등이 그 앞에 올 수 있지만, font, dorment 등의 앞에는 올 수 없는 단어들의 부류라는 식으로 말할 수 있을 것이다. 분포적 부류는 그러므로 자신을 정의해주는 특유한 결합특성을 가지고 있다. 이렇게 통사관계(결합관계)의 다양성과 상보성이 존재하게 됨에 따라 문장의 구조적 응집성(긴밀한 결합성)이 있게 된다,

이렇게 분포적 관점에서 볼 때, 문장은 상이한 부류에 속하는 요소들의 결합 결과이다. 즉 문장은 '단어들'의 결합이기 보다는, 상보적 부류에 속하는 요소들이 선택되어 분포적 어순제약에 따라 통합축 상에 배열된 결과이다. 분포문법은 결국 여러 가지 부류들의 집합이 되고, 부류들 간의 통사관계를 규정하는 분포적 공식들(예를 들어, [관사 + 명사 + 동사] 등)의 집합이 된다.

3. 단어의 범주구분

범주들을 문장 분석의 시각에서 다루지 않고, 어휘의 관점에서 〈각 단어는 언제나 하나의 범주에만 속하는가?〉하는 문제를 검토해볼 수 있다. 각 단어는 언어에서 통사적으로 범주화되는가, 아니면 범주소속은 문맥에 달려있어서 문장 속에서만 결정될 수 있는가? 이 문제는 이론적 검토를 요구하지만, 여기서는 두 가지 입장이 있다는 것만 지적하고자 한다. 고대 문법에서는 각 단어는 그 성질에 의해 하나의 범주에 속한다고 보았다. 그러나 현대의 언어이론에서는 단어의 범주화는 문장에서 결정되므로, 단어에 아무런 범주도 부여하지 말기를 제안한다.

실제로 프랑스어 단어의 범주변경 가능성을 규정하는 일반적 규칙들을 몇 가지 만들 수 있다.

(1) 형용사나 동사가 한정사를 앞세우면 명사로 사용될 수 있다.
  beau : le beau seul est aimable.
  manger : on peut apporter son manger.
(2) 명사나 과거분사가 형용사 위치에 사용될 수 있다.
  la mode : c'est très mode.
  dégénéré : une race dégénérée.
(3) 형용사가 변화하지 않고 부사로 사용될 수 있다.
  juste : ça sonne juste.
  haut : ils parlent haut.

이 규칙들은 전통문법에서 '부적절한 파생'(dérivation impropre)이라 불렀던 것인데, 이 규칙들을 사용하면 각 단어에 이중적 범주를 부여하지 않아도 될 것이다. 이 외에도 범주변경이 발생한 예들을 찾아보면 다음과 같다.

(1) a. Tu m'agaces, avec tes *mais* contunuels! (명사)
b. *Mais* enfin, qu'est-ce qui te prend? (부사)
(2) a. Ce piano joue complètement *faux* dans les aigus. (부사)
b. Il a été ciondamné pour utilisation de *faux*. (명사)
(3) Les enfants marchaient *devant*. (부사)
(4) a. Cet enfant est *tout* timide, c'est la cause de tous ses ennuis. (부사)
b. *Tous* applaudissaient à *tout* rompre en poussant des cris aigus. (대명사)
c. Vous m'enverrez *le tout* par la poste. (명사)
(5) *Diable*, est-ce que tu vas manger tout ça? (간투사)

이렇게 볼 때, 단 하나의 범주 속에 결정적으로 가둘 수 있는 단어는 없다고 말 할 수 있다. 그러므로 범주는 어휘부의 특성이 아니라, 문장의 특성이다. 보다 정확하게 말하면, 그것은 문장 속에서의 단어들의 특성이다. 이 관찰은 단어들이 통사구조 속에서의 실제 사용과는 무관한, 근본적인 성질을 가지고 있다고 보는 견해를 정면으로 반박한다. 그렇지만, 단어에 따라 특정 범주가 더 자연스러울 수 있다. 예를 들어, son manger에서 manger는 명사로 사용된 동사 범주로 보는 것이 자연스럽고, mais의 명사적 용법은 접속사적 용법에 비해 주변적인 것이다. 이 때문에 문법에서 이런 사실에 대해 종

종 ≪범주변경≫, ≪부적절한 파생≫이라고 말한 것이다. 그런데 이렇게 말한다는 것은 사실 어휘부의 각 단어에는 하나의 범주가 부여되고, 통사적 환경에 따라 범주변경을 허락하는 규칙들이 존재함을 전제한다.

중요한 것은 어휘부에서 단어에게 통사적 범주를 부여 한다/안 한다고 잘라 말하는 것이 아니라, 이런 문제가 제기될 수 있다는 것을 인식하는 것이다. 이 문제는 앞에서 말한 바 있는 〈범주의 개념은 통사부와 어휘부의 연결점에 있다〉는 것을 잘 보여준다.

4. 단어의 하위범주구분

각 범주는 다시 통사적, 의미적, 형태적 특성에 따라 하위범주로 구분된다.

앞에서 예시한 부사 seulement의 경우에서 분포적 특성이 이 부사를 두 가지 부류로 분류한다. 즉 그 의미가 문장 전체에 미치는 **문장 부사**(*Seulement*, il a voulu marquer le coup)와 동사구의 일부로서 동사의 의미를 수식하는 **구성요소 부사**(Il a *seulement* voulu marquer le coup)로 다시 분류한다.

한정사도 관사, 지시사, 소유사 등으로 하위분류되며, 관사는 다시 정관사/부정관사/부분관사로 하위분류된다.

동사는 전통적으로 보어를 취하느냐/안취하느냐에 따라 **타동사**/**자동사**로 하위분류된다.

명사는 **고유명사**와 **보통명사**로 하위분류된다. 이 두 부류는 통사방식(고유명사는 한정사 없이 구성될 수 있음)과 의미방식(고유명사는 언제나 개체를 지시하고, 보통명사는 부류를 지시할 수 있음)

에 의해 구분된다.

이 하위분류는 주 분류와 같이 수많은 변이와 논란을 불러일으킨다. 게다가, 어떤 하위부류의 언어적 특성들을 조금만 더 자세히 살펴보면, 그것을 또다시 하위분류하게 된다. 그래서 우리는 계속적인 하위범주구분으로 인해 범주에서 단어로, 일반에서 특수로 이행하게 된다. 엄격하게 말해서, 정확히 동일한 특성을 지닌 두 개의 단어는 없다는 결론에 이르게 된다.

그렇다고 이러한 지적이 어휘의 범주화를 무력화시킨다고 생각해서는 안 될 것이다. 범주들의 정당화나 하위범주의 정당화 작업은 통사규칙을 정교하게 만드는 작업이다. 그래서 예를 들어, 자동사와 타동사의 구분이 다음 두 가지 통사구조를 나타낼 수 있게 하는 한에서는 동사의 하위범주구분(자동사/타동사 구분)을 사용하는 것은 이로울 것이다.

(1) SN_1 V

(2) SN_1 V SN_2

통사구조를 이렇게 나타냄으로써 우리는 가령 동사 dormir는 자동사 부류에 속하기 때문에 (1)의 구조에는 나타날 수 있고, (2)의 구조에는 나타날 수 없다는 것을 알 것이다. 반면에, 통사적 분석은 가령 동사 aboyer와 miauler를 구분하는 차이와 같은 것은 다루지 않는다. 이 두 동사의 통사적 행태는 동일하나, 유일한 차이는 주어와의 특수한 결합가능성에 있는데,

(3) *Le chat aboie.

(4) *Le chien miaule.

(1)과 (2)를 구분하는 것은 (3)과 (4)를 구분하는 것과 같은 성질의 것이 아니다. 바로 이 차이가 어휘의 하위범주구분 작업의 한계를 나타낸다. 그러나 문법가는 하위범주구분의 작업이 일반적 통사부류(타동사, 보통명사, 문장부사 등등)를 드러내주는 한에서는 하위범주구분 작업을 계속 추진할 것이다. 그 결과로, 우리는 단어와 단어가 서로 대립하는 매우 정밀한 어휘기술의 영역에 이르게 될 것이다.

3. 구 조

이 장에서는 문장의 **구조**(structure)를 살펴본다. 문장의 구조란 문장을 구성하는 단위들이 맺는 관계를 말한다. 이 관계를 다루어 문장의 조직 원리를 연구하는 언어학의 분야가 **통사론**(syntaxe)이다.

문장의 직접구성요소

문장은 기본적으로 **명사구**(syntagme nominal : SN)와 **동사구**(syntagme verbal : SV)로 구성되고, 여기에 **부가구**(syntagme adjoint : SAdj)가 수의적으로 부가되어 문장을 확장할 수 있다.

(1) Les enfants / regardent les fleurs / dans le jardin..

(1)에서 〈les enfants regardent les fleurs〉는 명사구(les enfants)와 동사구(regardent les fleurs)로 구성된 문장으로서 삭제할 수 있는 요소가 없는 **최소문**(phrase minimale)이고, 〈dans le jardin〉은 전치사 dans과 그 보어 명사구 le jardin으로 구성된 **전치사구**(syntagme prépositionel : SP)로서 문장을 확장한 부가구이다.

문장은 단어들의 단순한 결합체가 아니다. 단어들이 결합하여 먼저 '**구절**'(syntagme 또는 groupe)이라고 하는 상위의 통사단위를 구성하고, 이 구절들이 다시 결합하여 문장을 구성한다. 문장은 그러므로 구절들로 직접 구성되고, 구절은 단어들로 직접 구성된다.

이렇게 단어들이 모여 구절을 구성하고, 이 구절들이 모여 문장을 구성하므로 문장의 **통사구조**(structure syntaxique)는 아래 수형도(graphe d'arbre) (2)에서 보는 바와 같이 구성요소들의 어순관계로 이루어지는 **선형구조**(structure linéaire)와 동시에 구성요소들의 위계관계로 이루어지는 **계층구조**(structure hiérarchisée)를 갖게 된다.

(2)

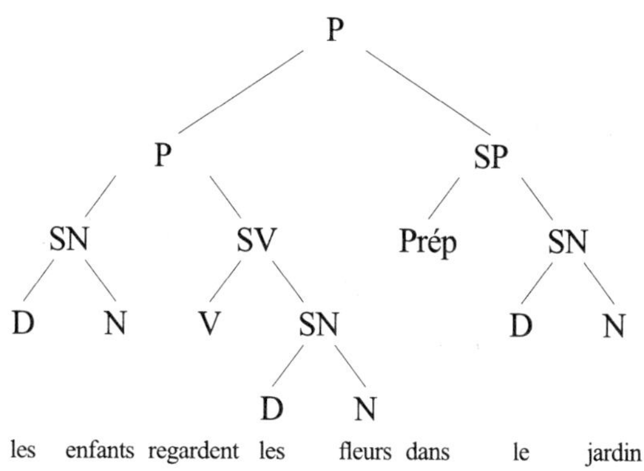

문장을 직접 구성하는 명사구 / 동사구 / 부가구를 문장의 **직접구성요소**(직접구성성분 constituant immédiat)라고 한다. 명사구와 동사구는 문장의 필수적 구성요소이고, 부가구는 수의적 구성요소이다. 부가구가 수의적인 것은 그것의 부재가 문장의 문법성에 전혀 영향을 끼치지 않기 때문이다.

명사구는 명사가 **핵심**(noyau, tête)인 통사단위이고, 동사구는 동사가 핵심인 통사단위이다. 부가구는 대개 전치사가 핵심인 통사단위(전치사구)이다.

프랑스어에서 명사구(SN), 동사구(SV), 전치사구(SP) 등 모든 통사단위는 하나의 핵심요소(X)에 보어(C)가 결합된 구조(X+C)이다. 그러니까 모든 구절 범주에는 핵심요소가 하나 있고, 나머지는 그 보어인 것이다. 그리고 이러한 통사단위는 핵심요소의 어휘적 범주에 의해 그 통사범주가 결정되는 **내심구조**(structure endocentrique)를 갖는다. 그래서 명사가 핵심인 통사단위는 명사구가 되고, 동사가 핵심인 것은 동사구가 되는 것이다.

구절은 단어들의 결합체(groupe)이다. 단어들이 통사관계를 맺어 구절이라고 하는 하나의 통사단위를 구성하는 것이다. 구절은 그러므로 단어와 문장 사이의 중간 계층에 있는 통사단위가 된다.

구절이라는 통사단위의 존재는 문장에 구조적 **중의성**(ambiguïté)이 발생하는 이유가 된다. 두 단위가 서로 인접해 있어도 그 둘은 보이지 않는 경계에 의해 분리될 수 있기 때문이다. 다음 예문은 두 가지로 해석되는 중의적 문장이다.

(3) Il a téléphoné à la police de Paris.
  (a) 그는 '파리' 경찰서에 전화했다.
  (b) 그는 '파리'에서 그 경찰서에 전화했다.

이 두 가지 해석은 동사의 보어(complément)인 전치사구 à la police de Paris를 하나의 통사단위로 분석하여 de Paris를 명사구 la police의 수식어로 보느냐, 아니면 두 개의 통사단위 à la police/de Paris로 분석하여 de Paris를 문장의 직접구성성분인 부가구로 보느냐에 따라 발생한 것이다. 후자의 분석에서 de Paris의 de는 police와 인접해 있기는 하지만, Paris와 우선적 통사관계를 맺어 하나의 통사단위(전치사구)를 구성하고 있다. 이렇게 de Paris라는 구절 범주의 통사단위가 존재할 수 있기에 이 문장에 중의성이 발생하게 되는 것이다. 따라서 우리는 하나의 구절을 구성하는 단어들 사이에 수립되는 통사관계와 구절과 구절 사이에 수립되는 통사관계를 구별하여야 한다.

1. 명사구

1.1. 한정사와 명사

명사구는 필수적으로 **한정사**(déterminant)와 **명사**(nom)로 구성된다. 한정사는 명사 앞에 위치하는 요소들의 부류로서 명사의 성(genre)과 수(nombre)에 일치하며 명사를 한정한다. 한정사 부류에는 관사(un, le, du 등), 수사(un, deux, trois 등), 지시사(ce, cet 등), 소유사(mon, ton, son 등), 의문 한정사(quel, quelle 등), 부정 한정사(tout, quelque, chaque, autre, plusieurs 등)가 있다.

한정사가 명사를 한정한다는 것은 명사의 **지칭대상**(référent)을 한정한다는 말이다. 다시 말해서, 한정사는 잠재적 지칭(référence virtuelle)을 갖는 명사를 현실적 지칭(référence actuelle)을 갖게 한다는 것이다. 그래서 chat는 잠재적 지칭만 갖지만, dix chats나 ces quelques chats는 현실적 지칭대상을 갖는다. 이러한 기능을 **현동화**(actualisation) 또는 현실화라 하고 이런 기능을 하는 요소를 **현동자**(actualisateur)라고 한다. 한정사는 그러므로 현동자의 일종인 것이다.

명사구에는 명사를 수식하는 형용사, 관계절이나 분사절, 전치사구가 수의적으로 부가될 수 있다.

(1) a. un *gentil* garçon, un chat *souple*

b. le livre *que j'ai lu*, les oiseaux *mangeant des guêpes*

c. le livre *de mon ami*, l'homme *au visage pâle*

명사구에 부가되는 이 수식어(modifieur)들은 동일한 환경에서 서로 대체될 수 있는 단위들이다.

(2) Un garçon *sympathique* m'a dit . . .

qui court vite

courant vite

de la ville

이 수식어들은 그러므로 통사적 등가성(équivalence syntaxique)을 갖는 것으로서 그들 상호간의 대체는 그 환경의 통사적 자격을 변경시키지 않는다. 그래서 L'ombre *noire* me fait peur에서 noire를 de ma sœur로 대체해도 새로운 문장 L'ombre *de ma sœur* me fait peur는 성립하는 것이다.

1.2. 형용사구

형용사는 명사에 의존하는 이차범주이다. 그래서 형용사 blond은 기의(sugnifé)는 갖지만 지칭대상을 갖지 못한다. 그러나 le blond은 암시된 명사가 있기 때문에 지칭대상을 갖는다. 그렇지만 형용사도 보어를 취하여 형용사구(syntagme adjectival : SA)를 주도하는 핵심요소가 될 수 있다.

(3) a. un livre [très *épais*]

b. un livre [*utile* aux enfants]

c. un livre [plus *utile* que celui de Paul]

(3c)의 plus *utile* que celui de Paul에서는 *utile*가 plus를 불러오고, plus가 que celui de Paul를 불러옴으로써 전체는 형용사 *utile*가 핵심인 하나의 통사단위(형용사구)가 된다.

보어를 취할 수 있는 형용사(susceptible, enclin, content 등)를 복합 형용사(adjectif complexe)라 하고, 그렇지 못한 형용사(blanc, gai 등)를 단순 형용사(adjectif simple)라고 한다.

1) 형용사와 관계절

통사적 등가성을 지니는 형용사와 관계절은 용법에 있어서도 등가성을 보인다. 형용사의 용법 중에서 부가형용사(épithète)와 동격형용사(apposition)는 각각 제한적 관계절과 설명적 관계절에 등가한다.

(4) a. Les femmes *belles* sont infidèles = Les femmes *qui sont belles* sont infidèles.

b. Les femmes, *belles*, sont infidèles = Les femmes, *qui sont belles*, sont infidèles.

동격 형용사와 설명적 관계절은 보통 상황적 가치를 갖는다. 그래서 (4b)에서 이들은 이유(parce qu'elles sont belles)로 해석된다.

분사절도 관계절과 동일한 용법을 갖지만 동격 용법에서 그 위치는 관계절에 비해 훨씬 자유롭다. 관계절은 보통 선행사 바로 다음에 위치하지만 분사절은 선행사 바로 다음에 뿐만 아니라, 문두와 문미에도 위치할 수 있기 때문이다.

(5) a. Les vaincus, *courbant la tête*, défilèrent devant l'estrade.
b. *Courbant la tête*, les vaincus défilèrent devant l'estrade.
c. Les vaincus défilèrent devant l'estrade, *courbant la tête.*

2) 품질형용사와 관계형용사

형용사 범주가 동질적인 것은 아니다. 특히 품질 형용사와 관계를 나타내는 형용사(관계형용사)를 혼동해서는 안 될 것이다. 관계형용사는 현대프랑스어에서 점점 더 확산되고 있으며(la police *mexicaine*, le cabinet *ministériel*), 다음과 같은 독특한 특성을 소유하고 있다.

1) 관계형용사는 명사를 수식하는 전치사구의 등가어이다:
la voiture présidentielle = la voiture du président
2) 그래서, 관계형용사는 명사 앞에 올 수 없다:
*une thoracique cage
3) 관계형용사는 속사로 사용될 수 없다:
*le rayon est solaire
4) 관계형용사는 정도를 받을 수 없다:
*une réaction très chimique
5) 관계형용사는 품질형용사와 등위접속 될 수 없다:
*une décision préfectorale et raisonnable

그렇지만 관계형용사가 품질형용사로 기능할 수 있다. 이 경우에서 그것은 더 이상 관계형용사가 아니다. 그래서 Martin a une allure très présidentielle에서 présidentielle는 président의 특질을 의미하는 품질형용사이다.

3) 부가사와 동격

명사를 수식하는 위치에서 형용사는 두 가지 기능을 수행할 수 있다. 부가사(épithète)와 동격(apposition)이 그것이다. 이것은 아주 중요한 구별이다.

(1) Les soldats *fatigués* font la sieste.

(2) Les soldats, *fatigués*, font la sieste.

형용사 fatigués는 (1)에서는 부가사이고, (2)에서는 동격이다. 부가사는 제한적 가치를 갖는다. 피곤한 병사들만 낮잠 잔다는 뜻이다. 반면에, 동격은 제한하지 않는다. 지칭된 병사들 모두가 피곤해서 낮잠 잔다는 뜻이다. 이러한 의미차이는 다음과 같은 몇 가지 방식으로 나타난다.

1) 동격에는 쉼표(구어에서는 휴지)가 있다. 그러나 이 기준은 절대적인 것은 아니다.
2) 동격에는 cependant, de fait 와 같은 논리사, malheureusement, curieusement과 같은 서법 부사, 그리고 vous dis-je와 같은 삽입절이 들어갈 수 있다.
3) 동격은 대개 상황적 가치를 갖는다. (2)에서는 이유(parce qu'ils

sont fatigués)로 해석된다.

4) 부가사가 제한하는 명사구는 지시대명사로 받을 수 있다: Les soldats, ceux qui sont fatigués, font la sieste. 그러나 동격에서 이것은 불가능하다.

5) 동격 형용사를 삭제해도 명사구는 동일한 지칭대상을 유지한다. 그러나 부가사를 삭제하면 명사구의 지칭대상은 변경된다. 이것은 부가사가 갖는 제한적 가치의 가장 명백한 결과이다. 동격 형용사는 두 가지 위치에 나타날 수 있다. 부가사와 같이, 명사 다음에 나타날 수 있고, 문두나 문미에도 나타날 수 있다.

(3) a. Le chef, *furieux*, est reparti.
b. *Furieux*, le chef est reparti.
c. Le chef est reparti, *furieux*.

동격의 문두나 문미 위치는 동격의 상황보어적 자격에서 비롯되는 결과이다.

4) 부가형용사의 위치

프랑스어에서 부가형용사는 이론적으로 명사 뒤에 두거나 그 앞에 둘 수 있다. 그러나 실제로는 명사 뒤에 두는 후치 경향이 강하다. 부가사의 후치는 여러 가지 요인들이 개입한 결과이다.

1) 리듬적 요인 : 짧은 단어는 전치시키는 경향이 있고, 강세를 통사단위의 마지막 음절에 두어, 통사단위의 단일성을 강화한다

(un *lâche* assassinat). 그러나 이것은 하나의 경향일 뿐이고, 표현적 요인과 의미적 요인이 흔히 개입한다.

2) 통사적 요인 : 형용사가 보어를 갖고 있으면, 명사에 후치시킨다(un général *fou à lier*). 이렇게 피지배 요소를 지배요소 뒤에 두는 것이 프랑스어의 경향이다.

3) 표현적 요인 : 평가적 의미를 지니는 형용사(étonnant, délicieux...)는 전치시키거나 후치시킬 수 있다. 반면에, 부류적 의미를 지니는 형용사(noir, rond...)는 일반적으로 후치시키지만, 명사와 형용사 간에 의미적 중복이 있을 경우에는 전치시킨다(la *verte* campagne)

4) 의미적 요인 : 어떤 형용사는 위치에 따라 의미를 변경한다. 주로 자주 사용되고 짧은 형용사들이 그러하다. 형용사가 짧으면 쉽게 명사에 전치하여 명사와 하나의 리듬그룹을 형성하며 자신의 독자성을 잃어버린다. 형용사가 자주 사용되면 다의어화 되고, 내포의미가 빈약해져, 명사의 의미를 강조하거나 완화하는 형태소로 기능하게 된다. un bon (beau, vrai) soldat에서 형용사(bon, beau, vrai)는 명사 soldat의 의미를 강조하는 강조사와 같은 것이다. 그래서 un soldat beau는 잘생긴 미남 군인이지만, un beau soldat는 군인부류의 의미적 특성을 수준 높게 지닌 사람을 말하며, 못생긴 사람일 수도 있다. une belle femme도 여성성을 강하게 지닌 사람을 말하며, 미인의 기준에 부합하지 않을 수 있다.

2. 동사구

동사구는 동사와 그 보어로 구성된다. 그런데 현대통사론에서는 동사가 지니는 **인칭**(personne), **수**(nombre), **서법**(mode), **시제**(temps), **시상**(aspect) 등의 정보들을 총칭해서 **굴절소**(Inflexion)(또는 시제소 Temps)라 부르고, 이것을 동사구와 분리해서 별개의 추상적 범주로 취급한다(굴절소+동사구). 따라서 동사구는 굴절소를 제외한 통사범주로서 굴절소의 보어가 된다. [굴절소 + 동사구]를 굴절소구(또는 시제소구)라고 부른다. 굴절소에 대해서는 제5장(분석과 독해)에서 자세히 살펴볼 것이다.

동사구에는 크게 두 가지 유형이 있다. **연계동사구**(SV copulatif)와 **동작동사구**(SV agentif)가 그것이다. 연계동사구는 다음 (1)과 같이 연계동사와 주어의 속사로 구성된다. 동작동사구는 다음 (2)와 같이 동사의 의미적 특성에 따라 동사 하나만으로 이루어지거나 동사와 그 보어로 구성된다.

(1) a. Son mari *est médecin.*
b. L'enfant *paraît malade.*
c. Elle *resta fidèle à son maître.*

(2) a. Pierre *dort.*
b. Pierre *aime Marie.*
c. Paul *donne un livre à Marie.*

동사구를 이렇게 두 유형으로 구분하는 것은 통사론적으로 중요하다. 속사와 동격 기능이 바로 연계동사구문의 특수성에 근거를 두기 때문이다.

연계동사는 1) 그 다음에 오는 명사(구)가 삭제될 수 없고, 2) 명사(구) 외에도 형용사(구)도 그 다음에 올 수 있는 동사로 정의해 두자. 연계동사구문은 제4장(기능: 속사와 동격)에서 본격적으로 다루게 될 것이다.

2.1. 의미적 선택

동사구는 동사를 핵심으로 한 통사단위이다. 그래서 동사구의 통사구조는 동사의 **의미적 선택**(sélection sémantique)에 의해 결정된다. 예를 들어, 동사 dormir(잠자다)는 의미적으로 잠자는 행위자(agent)만 선택하므로 주어 요소만 있으면 된다. 따라서 동사구에는 목적보어가 있을 필요가 없다. aimer(사랑하다)는 의미적으로 사랑의 행위자와 사랑의 대상(objet)을 선택하므로 주어뿐만 아니라 동사구에 목적보어가 필요하다. 동사 donner(주다)는 의미적으로 주는 행위자, 주는 물건, 그리고 받는 자를 선택하므로 주어뿐만 아니라 동사구에는 적어도 두 개의 목적보어가 필요하다. 동사가 의미적으로 선택하는 이 요소들이 모두 구조적으로 실현되어야만 동사구의 통사구조와 나아가 그 문장의 통사구조가 완성될 수 있다.

동사의 이러한 특성을 의미적 선택 특성이라 하고, 동사에 의해 의미적으로 선택되는 요소들은 동사와 의미적 **선택 관계**(relation de sélection)를 맺는다고 말한다. 따라서 동사와 그 보어 간에는 선택 관계가 수립되고, 동사구의 통사구조를 결정해서 결국 문장 전체의 통사구조를 결정하는 것은 동사의 의미적 선택 특성이다.

다음 예문에서 간접의문절이 보어로 실현된 것도 동사 demander(묻다)의 의미적 선택 특성에서 기인한 것이다. 즉 보어 자리에 물음의 내용에 해당하는 통사범주로서 절이 실현되고 그 절은 간접의문절일 수밖에 없는 것이다.

(1) a. Je lui ai demandé *si elle aimait les sports.*
b. Je me demande *ce qu'il a fait hier.*

다음 예문의 종속절에 접속법(mode subjonctif)이 사용된 것도 주절 동사의 의미적 선택에 의한 것이다.

(2) a. Je veux *qu'elle* ***revienne*** *demain.*
b. Je me réjouis *qu'elle* ***soit*** *en bonne santé.*
c. Il est nécessaire *que nous* ***partions*** *très tôt.*
d. Je doute *qu'il* ***dise*** *la vérité.*
e. Il nie *que les choses* ***se soient passées*** *ainsi.*

말하자면, 의지, 감정, 판단, 의심, 부정, 필연, 당연 등 주관적 의미를 나타내는 동사는 주관적 내용의 종속절을 선택하므로 그 종속절에는 주관적 서법인 접속법이 사용되는 것이다.

2.2. 논항구조

동사에 의해 의미적으로 선택되는 요소들을 논항(argument)이라고 부른다. 그래서 논항이란 동사가 나타내는 행위나 사건이 논리적으로 완성될 수 있기 위해 꼭 필요한 항목을 말한다. 그리고 각 논항이 지니는 의미적 역할을 **의미역**(rôle thématique)이라고 부른다. 그리고 이 논항의 수에 따라 술어를 **한 자리 술어**(1항 술어), **두 자리 술어**, **세 자리 술어** 등으로 부른다. 예를 들어, 두 개의 논항을 요구하는 동사 aimer는 2자리 술어이고, 3개의 논항을 요구하는 donner는 3자리 술어인 것이다.

논항들의 관계를 나타내는 **논항구조**(structure d'argument)에서 보어 논항의 의미역은 동사가 직접 배당하지만, 주어 논항의 의미역은 동사와 그 보어로 구성된 동사구 전체가 배당한다고 본다. 왜냐하면, 동일한 동사의 구문일지라도 주어 논항의 의미역은 그 보어 논항의 성질에 따라 달라질 수 있기 때문이다. 예를 들어 보자.

(1) a. Pierre a cassé la fenêtre.
  b. Pierre s'est cassé le bras.

위 예문에서 주어 논항 Pierre가 (1a)에서는 행위자 의미역을 갖고, (1b)에서는 피해자 의미역을 갖는데, 이러한 의미역 변동은 보어 논항이 어떤 성질의 것이냐에 따른 것이다.

이러한 의미역 구조가 실제로 통사구조(수형도)에도 그대로 반영된다.

(2)

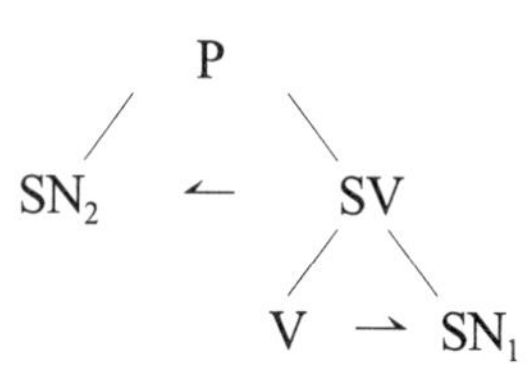

수형도를 보면, 보어 논항(SN_1)은 동사(V)와 같은 층위에 위치하여 동사가 직접 그것에게 의미역을 배당한다. 반면에, 주어 논항인 명사구(SN_2)는 동사구(SV)와 같은 층위에 위치하여 동사구가 그것에게 의미역을 배당한다. 한편, 수형도에서 보듯이, 보어 논항은 동사구 내부에 존재하므로 **내재 논항**(argument interne)이라 부르고, 주어 논항은 동사구 외부에 존재하므로 **외재 논항**(argument externe)이라 부른다.

논항은 **의미범주**(catégorie sémantique)이므로 실제 문장에서는 표준적으로 규정된 **통사범주**(catégorie syntaxique)로 실현된다. 예를 들어, 동사 convaincre(설득하다)가 선택하는 세 개의 논항 중에서 설득 행위자와 설득 대상은 보통 명사구로 실현되고, 설득 내용은 **명제**(proposition)이므로 절(proposition)이라는 통사범주로 실현된다.

(3) Pierre a convaincu Paul *qu'il devait quitter le pays.*

(4) Pierre a convaincu Paul *de quitter le pays.*

(4)의 de quitter le pays의 통사범주도 (3)의 qu'il devait quitter le pays의 그것과 마찬가지로 '절'이다. (3)의 것은 **정형절**(proposition à temps fini)이고, (4)의 것은 **부정형절**(proposition à l'infinitif)이다. 부정형절의 주어는 들리거나 보이지는 않지만 이해되는 주어로 존재한다. 실제로 (4)에서 부정형절의 주어는 Paul로 이해된다. 현대통사론에서 이런 주어를 **공범주**(catégorie vide) 주어라고 하고, PRO로 표시하며(de PRO quitter le pays), (4)에서 이 PRO는 주절의 Paul에 의해 **통제**(contrôle)된다고 말한다.

이와 같이 동사의 의미적 선택 특성은 동사구의 필수적 구성요소를 결정하여 논항구조를 결정하고, 결국 문장의 통사구조를 결정한다. 동사의 의미적 선택 특성은 그러므로 동사의 통사적 정보가 된다. 이 정보가 통사구조에 그대로 반영되어야만 문장의 통사구조가 완성될 수 있다. 일반적으로 말해서, 문장의 통사구조는 술어의 논항구조를 바탕으로 형성된 구조인 것이다. 동사는 이렇게 문장의 주축(pivot)으로서 문장의 통사적 골격(armature syntaxique)을 결정하는 핵심적 역할을 한다.

i) 어휘부의 특성이 통사부에 투사되어 문장의 통사구조를 결정하는 이와 같은 문법원리를 현대통사론(생성문법론)에서는 **투사원리**(projection principle)라고 부른다. 동사가 보어를 선택하는 원리와 같은 것을 말한다. 이 원리를 주어 선택에까지 확대하여 굴절소(시제소)(시제, 인칭, 수 등을 아우르는 문법적 범주)가 주어를 요구하는 원리를 **확대투사원리**(extended projection principle: EPP)라 하고, 굴절소(시제소)의 이러한 통사자질을 **EPP-자질**이라고 한다.

2.3. 동사구문

앞에서 본 바와 같이, 동사는 문장의 주축이다. 실제로, 동사는 자신의 의미적 특성에 의거하여 보어를 결정하고 문장의 구조를 결정한다. 말하자면, 동사는 문장에게 통사적 골격을 제공한다.

문장의 구조를 **구문**(construction)이라고 부른다. 동사에 의해 결정되는 구문이므로 동사구문인 것이다. 그래서 구문을 탐구하는 방법에는 두 가지가 있다. 1) 구문을 먼저 설정하고 그 구문에 들어갈 수 있는 동사를 찾는 방법이 있고, 2) 동사를 먼저 설정하고 그 동사가 들어갈 수 있는 구문을 찾는 방법이 있다. 그래서 동사 dormir는 [SN V] 구문에만 들어 갈 수 있고, voir는 [SN V]와 [SN V SN]에 동시에 들어갈 수 있다고 말하게 된다.

연계동사구문을 제외하고, 프랑스어 구문을 제시하면 다음과 같다.

1) [SN V](자동사 구문): Paul dîne. 많은 동사가 타동사구문과 자동사구문에 동시에 들어갈 수 있다. 이런 동사들 중에 의미를 변경하지 않는 것도 있고(fumer) 변경하는 것도 있다(souffrir). 그러므로 이런 동사를 두 가지 유형으로 구분해야 한다: 보어가 수의적인 것(voir, fumer)과 필수적인 것(susciter, déclarer).
2) [SN V SN]: Paul poursuit son frère. SN의 의미자질(인간/비인간/무관)에 따라 동사들을 구분할 수 있다(tromper/gravir/connaître).
3) [SN V SN à SN]: Paul a acheté un livre à Sophie. 이 구문에서도 SN의 의미자질(인간/비인간)에 따라 동사들을 구분할 수 있다. donner나 crier는 [SN V SN(qch) à SN(qqn)]에 들어간다.
4) [SN V SN de SN]: Paul charge Sophie du départ. 3)과 같이 동사들을 구분을 할 수 있다. sauver는 [SN V SN de SN(qqn)]에 들어 간다(Paul a sauvé Sophie de l'ennemi).
5) [SN V SN SA(SN)]: Paul a rendu Sophie triste. Le conseil a élu Nicole présidente. 이 구문에서 SA(SN)는 목적보어의 속사이다.
6) [SN V à SN]: Paul répond à Sophie(qqn). Paul recourt au chantage(qch).
7) [SN V de SN]: Paul rit de Sophie(qqn). Paul se sert de l'outil(qch)

8) [SN V de SN à SN] : Paul parle à Sophie de la situation. 경우에 따라 de SN과 à SN의 위치를 바꿀 수 있다.

2.4. 동사의 보어와 문장의 보어

전통문법에서 직접목적보어와 간접목적보어의 구별은 목적어 앞에 전치사가 없느냐/있느냐에 의거한다. 전치사가 없으면 직접목적보어이고, 전치사가 있으면 간접목적보어이다(Je vois la mer / Je pense à la mer). 그런데 전치사의 유무에 의한 이러한 구별은 보다 중요한 구별인 **동사의 보어**와 **문장의 보어** 간의 구별을 숨길 수 있다.

목적보어 앞의 전치사는 동사가 부여하는 제약에 따른 것일 뿐이고, 동사와 목적보어간의 의미적 관계에 영향을 미치지 않는다. 전통문법에서 〈직접목적보어는 동사가 표현하는 행위가 직접 떨어지는 단어〉라고 하지만, 직접/간접의 대립을 해석한다는 것은 위험한 일이다. 다음 두 문장은 거의 동일한 의미를 지녔는데도 불구하고, Paul entretient *Julien* de ses ennuis에서 Julien은 왜 직접보어이고 Paul parle à *Julien* de ses ennuis에서 그것은 간접보어인가? 직접/간접의 대립적 의미는 없는 것이다.

다음 예문에서

(1) Il atteindra *le rivage.*

(2) Il parviendra *au rivage.*

(3) Il parviendra *au rivage à 10h près du phare.*

전통문법은 (1)의 le rivage를 직접목적보어로, (2)와 (3)의 그것을 상황보어로 분석할 것이다. 그런데 이렇게 분석하면, atteint le rivage와 parvient au rivage는 구별할 수 있겠지만, (2)나 (3)의 au rivage를 à 10h, près du phare와 구별하지 못하고 동일하게 취급할 것이다. 그러나 à 10h, près du phare는 문장의 보어이지만, (1), (2), (3)의 le rivage, au rivage는 동사의 보어이다. 이들은 à 10h, près du phare와는 달리, 문장에서 삭제될 수 없고(*il atteindra... *il parviendra....) 이동될 수 없다.

Le chien court après son maître와 Paul a pris la parole après son maître에서 après son maître의 자격도 마찬가지로 비교할 수 있다. 전자에서 그것은 동사의 보어이고, 후자에서 그것은 문장의 보어이다.

이와 같이 의미적 용어인 '상황보어'가 가리키는 것에는 동사의 보어(간접보어)와 문장의 보어가 혼재하므로 이것을 먼저 구별하는 것이 통사론적으로 중요하다. 상황보어 중에서 이동이나 삭제가 가능한 것(문장의 보어)만 상황보어라 하고, 삭제나 이동이 불가능한 것(je vais *à Paris*, cela pèse *vingt kilos* 등)은 동사의 간접보어로 보기도 한다(Grevisse, 499-500). 문장의 보어를 통사론에서는 부가구(syntagme adjoint : SAdj)라고 부른다.

3. 부가구

3.1. 삭제가능성과 이동가능성

부가구(SAdj)는 명사구, 동사구와 같이 문장을 직접 구성하는 통사단위이다. 그러나 부가구는 동사에 의해 선택되는 필수적 구성성분이 아니라는 점에서 동사의 보어와 구별되어 문장의 보어가 된다.

부가구는 수의적 구성요소로서 그것을 삭제해도 문장은 성립한다. 부가구는 또한 그 위치가 고정되지 않고 이동 가능한 것이 보통이다. 그래서 수의성(삭제 가능성)과 이동 가능성은 부가구를 규정하는 두 가지 기준이 된다. 다음 두 예문에서 전치사구 à Paris를 비교해 보자.

(1) Jean se promène *à Paris*.

(2) Je vais *à Paris*.

(1)에서 à Paris는 삭제나 이동이 가능하므로(Jean se promène. A Paris, Jean se promène) 부가구이다. 그러나 (2)에서 à Paris는 삭제나 이동이 불가능하므로(*Je vais. *A Paris, Je vais) 동사의 보어이다.

그런데 부가구라도 여러 가지 이유로 이동이 가능하지 않을 수 있다. 예를 들어, *Sans son chien, la concierge est sortie나 *Par Rome elle passera bientôt는 불가능하다. 이 현상은 동사의 의미와 전치사의 용법제약과 관련된 것으로 보인다. 따라서 부가구의 기준으로서 이동가능성은 삭제가능성보다 덜 엄격한 기준이다.

게다가 부가구의 이동은 문장의 화용적 의미를 변경시킬 수도 있다. 예를 들어, A Marseil il fait ses courses와 Il fait ses courses à Marseil를 비교해 보면, 전자는 Que fait-il à Marseil?에 대한 대답이고, 후자는 Oùfait-il ses courses?에 대한 대답이다. 말하자면, 부가구 A Marseil가 문두로 이동되면 주제(이미 알고 있는 것)가 되고, 문미에 있으면 객술(새로운 정보)이 되는 것이다.

3.2. 부가구의 범주

부가구가 될 수 있는 통사범주는 주로 부사(구), 전치사구이지만 명사구의 형태로 된 것도 있다.

(1) a. Elle fait ses courses *aujourd'hui* et elle dort *dehors.*
  b. *Contrairement à la coutume*, la porte-cochère n'était pas fermée.
  c. Elle donnera son avis *conformément à la conception qu'elle soutient.*
  d. Pour Chateaubriand, les mots sont essentiellement des sons qui, *indépendamment de leur signification intellectuelle*, traduisent des émotions.

(2) a. Elle travaille *dans mon bureau.*
  b. *Au début*, je ne l'ai pas pris au sérieux.

(3) a. Il a plu *toute la journée.*
  b. *Ce soir,* je vais partir en voyage avec Marie.
  c. *Faute d'argent*, il n'a pu partir en voyage.

그런데 부사라고 해서 모두 문장 수식의 부가어가 될 수 있는 것은 아니다. 대체로 장소부사(ici, dehors)와 시간부사(hier, demain)는 부가어가 되지만, 양태부사(doucement, lentement), 수량부사(beaucoup, peu), 품질부사(bien, mal) 등은 부가어가 될 수 없다. 이

후자의 부사들은 주로 동사를 수식하는 것으로 그야말로 '부사'(ad-verbe)인 것이다. 부사는 동사 이외에도 형용사, 부사, 전치사를 수식할 수 있음은 물론이다(*vraiment* gentil, *très* lourdement, *tout* contre la porte 등).

그리고 부사 중에는 화자가 자신의 말에 대한 태도(가능성, 필연성 등)나 평가를 나타내어 서법적 역할을 하는 **서법부사**(adverbe modal)가 있다.

(4) a. Vous vous êtes *peut-être* trompé.
b. *En principe*, il est là.
c. Il est parti, *vraisemblablement*.
d. *Malheureusement*, il a échoué.

그리고 언술행위 자체를 지향하여 언술행위나 말의 성격을 나타내는 **언술행위 부사**(adverbe d'énonciation)가 있다.

(5) a. *Justement*, je voulais vous parler.
b. Il est bête, *franchement*.
c. *Franchement*, vous l'aimez?

이 서법부사와 언술행위 부사는 문장에 소속되지 않고 별도로 존재하는 독립 부사이기 때문에 문장을 수식하는 부가어와는 다른 성질의 것이다.

부사의 의존관계가 다양함으로써 문장에서 그 위치도 다양하다. 단어만을 수식하는 부사는 바로 그 앞에 오고(juste auprès), 수량

부사나 품질부사는 동사에 밀접하게 연결된다(il sort peu, il mange bien). 양태부사는 자유롭게 놓인다(*Lentement*. il est descendu. Il roule *doucement*. Il a frappéle ballon *brutalement*). 그러나 가장 자유롭게 놓이는 부사는 부가어 부사, 서법부사, 언술행위 부사이다. 그렇지만, 이 부사들은 문두나 문미와 같은 주변적 위치를 선호하는 경향을 갖는다.

3.3. avant que P

전통문법은 다음 예문의 부가구들을 부사의 기능을 한다고 '부사절'(proposition adverbiale)이라고 부른다.

(1) a. *Avant que je ne prenne une décision*, je veux encore réfléchir.

b. Il retient ses larmes *pour que sa mère ait moins de peine.*

(2) *Bien qu'il soit malade,* il est sorti.

게다가 전통문법은 avant que, pour que, bien que가 무슨 숙어인 것처럼 이들을 종속 **'접속사구'**(locution conjonctive)라 부른다. 그러나 이들은 부사'절'도, 접속사구도 아니다. 사실 이들은 전치사구, 부사구의 일종이다.

언어의 단위를 진단하는 **대체 테스트**(test de commutation)를 활용해 보면, avant은 pour, après, dès, depuis, bien, afin 등과 대체되어 계열관계를 맺고(avant / pour / depuis ma décision 등), que는 문장(P)과 결합해서 [que P]가 명사구, 부정법 등과 대체되어 계열관계

를 맺기 때문에(avant mon départ / de partir 등), 이 부가구는 전치사(avant, pour), 부사(bien)와 그 보어절(complétive : que P)로 구성된 구조 [avant [que P]], [pour [que P]], [bien [que P]]이다. 이 부가구는 그러므로 두 개의 통사단위로 이루어진 것으로서 전치사, 부사를 핵심으로 한 전치사구, 부사구의 일종이지 부사'절'이 아닌 것이다. 그 기능이 부사적일 뿐이지 그 범주는 절(proposition)이 아니라는 말이다. 절이라고 한다면 그것은 [que P]에만 해당된다.

따라서 avant que는 분리될 수 없는 하나의 숙어(구)(locution)가 아닌 것이다. avant과 que는 각자 다른 분석층위에 위치한다. 먼저 que는 다음에 오는 문장과 결합해서 절이라는 하나의 통사단위(que P)를 구성하고, 이렇게 구성된 절(que P)이 avant의 보어로 들어간 것이다. 그렇기 때문에 다음 예문에서와 같이, que P가 다른 que P와 등위접속 될 수 있다. 즉 핵심요소 afin에 종속된 두 개의 보어절(que P)이 등위접속 될 수 있는 것이다.

(3) Je lui ai envoyé un bleu, afin *qu'il vienne chez moi* et *qu'il assiste à la cérémonie.*

i) 현대 통사론에서는 접속사 que를 내포 표시자(marqueur d'enchâssement)의 역할 한다고 해서 **보문소**(complémenteur)라 부르는데, 보어로 사용될 문장(내포문 또는 보문)을 도입하는 요소라는 뜻이다. 그리고 보어절 [que P]를 보문소 que가 문장 P를 보어로 취한 구절(syntagme)로 분석하여 '보문소구'라고 부른다.

문제의 부가구는 동사와 그 보어절로 구성된 동사구 [croire [qu'il viendra]]나 명사와 그 보어절로 구성된 명사구 [la crainte [qu'elle ne parte]]와 구조적으로 다를 바 없다. 다만, 핵심요소의 범주가 전치사, 부사 등으로 다르기 때문에 그 기능이 다를 수 있을 뿐이다. 의미적으로도 이것은 어휘적 전치사, 부사가 주도하는 부가구이다. 그렇기 때문에 전치사, 부사의 의미에 따라 이것은 시간을 나타내는 상황보어, 목적을 나타내는 상황보어, 양보를 나타내는 상황보어라 불리게 되는 것이다.

보어절 [que P]는 이것을 보어로 취한 명사구, 동사구, 형용사구, 전치사구, 부사구 등의 구성성분이다. 예를 들어, Je sais qu'il est malade에서 보어절 qu'il est malade는 동사 sais의 보어이므로 동사구 [sais [qu'il est malade]]의 구성성분이다. dès qu'il fut couché, le someil l'emporta에서도 보어절 qu'il fut couché는 전치사 dès의 보어이므로 전치사구 [dès [qu'il fut couché]]의 구성성분이고, 이 보어절을 내포한 전치사구가 부가구로서 상황보어 기능을 하는 것이다.

전치사의 보어절로서 정형절(que P)뿐만 아니라 부정형절(de+inf.)도 올 수 있다.

(4) Il a crié *afin qu'il se fasse entendre / afin de se faire entendre.*

(5) J'irai la voir *avant que je parte en voyage / avant de partir en voyage.*

부정형 보어절은 그 주어가 이해될 수 있어서 어휘로 실현되지 않은 절이다. 이것은 문장구조의 경제성 원리에 따른 것으로서, 최소한의 요소로써 최대한의 정보를 추구한 결과로 본다.

3.4. quand P

전통문법은 quand P, comme P, si P도 부사의 기능을 한다고 '부사절'이라 부른다. 그런데 이들이 등위 접속되면, afin que P의 경우처럼, quand P et que P, comme P et que P, si P et que P로 될 수 있다.

(1) Que dira-t-il *quand il rentrera* et *qu'il vous trouvera ici?*

(2) *Comme la neige fondait* et *que les vivres s'épuisaient*, ils résolurent de redescendre au village.

(3) *S'il vient* et *que je sois absent*, dites-lui de m'attendre.

말하자면, quand P, comme P, si P가 각각 que P와 등위접속되고 있는 것이다. 그래서 전통문법에서는 이때의 que를 quand, comme, si를 대신하는 요소로 분석한다. 그런데 이렇게 분석하면, 이 분석은 등위접속의 원리를 어긴다. 왜냐하면, 등위접속은 동일한 기능의 범주끼리만 가능한 것인데, que P는 어떤 요소의 보어로 기능하는 보어절(complétive)이고, quand P, comme P, si P는 보어절이 아니기 때문이다. 게다가 전자는 비어휘적(기능적) 요소(que)가 주도하는 범주이고, 후자는 어휘적(실사적) 요소(quand, comme, si)가 주도하는 범주이다.

그래서 이 경우도 afin [que P] et [que P]와 같이, 사실은 두 개의 que P가 등위접속된 것으로 일반화시켜 볼 수 있을 것이다. 말하자면, quand [que P] et [que P], comme [que P] et [que P], si [que P] et [que P]로 분석하자는 것이다. 실제로 속어에서는 que가 나타난 이런 형태가 사용된다고 한다(Guiraud, 1974).

(4) a. Quand qu'il est revenu...

b. Comme qu'il est revenu...

c. Si qu'on parlait...

그렇다면, 표준어에서는 quand / comme / si의 다음 자리에 que가 생략되어 있는 것이다. 따라서 quand / comme / si P et que P와 같은 등위접속에서 que를 quand / comme / si를 대신하는 요소로 보는 전통적 분석은 수정되어야 한다.

4. 기 능

이 장에서는 문장의 구성요소들이 갖는 기능(fonction)을 살펴본다. 즉 기능과 범주의 관계, 기능의 종류, 기능의 특성 등을 살펴본다.

문장은 **통사구조**(structure syntaxique)의 관점에서 보면, 〈명사구 + 동사구 + (부가구)〉로 구성되지만, **통사기능**(fonction syntaxique)의 관점에서 보면, 이 세 가지 구성요소들이 각각 **주어**(sujet), **술어**(prédicat), **상황보어**(complément circonstanciel)의 기능을 수행하므로 문장은 〈주어 + 술어 + (상황보어)〉로 구성된다.

동사구의 기능인 술어에는 보어가 필요할 수 있다. 이 보어는 동사의 성질에 따라 **속사**(attribut)나 목적보어(complément d'objet)의 기능을 하게 된다. 따라서 기능적 관점에서 볼 때, 문장은 크게 〈주어 + 동사 + 속사 + (상황보어)〉, 또는 〈주어 + 동사 + 목적보어 + (상황보어)〉로 이루어진다.

(1) Marie est belle.

(2) Jean écrit une lettre à sa mère.

(3) Ils cherchent un prétexte pour s'excuser.

위의 예문 (1)에서 belle는 주어인 Marie에 부여된(attribué) 속성을 나타내는 것이므로 속사라 부른다. (2)에서 une lettre와 à sa mère는 동사 écrit가 나타내는 행위의 대상(objet)이 되므로 목적보어라 하고, (3)에서 pour s'excuser는 행위의 목적을 나타내는 것이므로 **상황 보어**라 부르는 것이다.

i) 보어는 동사구에만 필요한 것은 아니다. 다른 모든 구에도 필요할 수 있다. 형용사, 전치사, 부사, 명사도 보어를 취할 수 있기 때문이다.

a. Personne n'a été *attentif à son discours.*

b. Jean est *dans sa chambre.*

c. Il agit *conformément à ses principes.*

d. *Le clair de lune* filtrait, mal retenu par les branches jointes.

통사론에서 기능이란 문장을 구성한 단어들 간의 **관계**(relation)를 지칭한다. 예를 들어, 이 명사구는 저 동사의 주어이다, 이 형용사는 저 명사의 부가사이다, 이 명사구는 저 동사의 보어라고 말할 때, 기능(주어, 부가사, 보어)은 단어들 간의 관계를 지칭하고 있는 것이다. 문장의 구성요소들은 문장의 구조에서 각자 일정한 **위치**(position)를 차지한다. 기능은 이 위치들을 정의하고 명명한다.

기능과 범주

기능 개념은 사실 **통사** 개념과 연관되어 있다. 문장에서 기능이 정의되는 것은 단어들 간에서가 아니라, 단어들의 집단(groupe)인 구절(syntagme)들 간에서이기 때문이다. 다음 예문을 보자.

(1) Pourtant, ce film raconte une histoire partiellement vraie.

(1)에서 주어는 명사 film가 아니라, 명사구 ce film이다(*film raconte...). 그리고 이 주어는 동사 raconte만의 주어가 아니라, 동사구 raconte une histoire partiellement vraie의 주어이다(*Ce film raconte). 말하자면, 주어-술어의 관계가 명사와 동사 간에서가 아니라, 두 개의 **통사단위**(unité syntaxique), 명사구와 동사구 간에서 이루어지는 것이다.

부사 pourtant과 partiellement의 기능도 통사구조 속에서 정의된다. pourtant의 기능은 문장 전체와 관련해서 정의되고, partiellement의 기능은 명사구 une histoire partiellement vraie의 내부에서 정의된다. 그래서 두 부사는 동일한 기능을 갖지 않는다. 전자는 문장 전체의 부사이고, 후자는 형용사 vraie의 부사이다.

구성요소의 기능이 이렇게 문장의 내부에서 결정된다는 것은 문장이 **구조**(structure)를 갖는다는 것을 의미한다. 말하자면, 문장은 단어들의 단순한 병치가 아니라, 단어들의 관계로 이루어진다는 것이다. 이 관계를 **통사관계**(relation syntaxique)라 하며, 이 통사관계를 문장의 **통사구조**(structure syntaxique)라고 한다.

구성요소의 기능은 그것의 범주적 성질에 의해 결정되는 것도 아니다. 다음 예들을 보면 이를 잘 알 수 있다.

(2) a. *Pleurer, prier, gémir* est également lâche.
b. *Ce film* est raté.
c. *Qu'il vienne* ne change rien au problème.

(3) a. Présentez-moi ce personnage *mystérieux*.
b. Présentez-moi cet homme *qui parle avec mon cousin*.

(2)에서 각각 동사, 명사구, 절이 주어 기능을 갖고 있고, (3)에서는 부가사(épithète) 기능을 (3a)에서는 형용사가, (3b)에서는 관계절이 갖고 있다.

게다가, 여러 가지 범주들이 동일한 방식으로 구성될 수 있다. 즉 상이한 범주들이 동일한 유형의 보어를 취할 수 있다.

(4) a. Je m'oppose *à ma mère.*

b. Contrairement *à ma mère*, je pense que c'est vrai.

(5) a. Il est jaloux *de Pierre.*

b. Il s'éloigne *de Pierre.*

c. C'est l'ami *de Pierre.*

그러므로 범주와 기능 간에는 체계적인 관계가 존재하지 않는다. 범주는 범주이고 기능은 기능인 것이다. 그래서 범주와 기능을 혼동해서는 안 된다. 그렇지만 범주와 기능이 완전히 별개인 것은 아니다. 어떤 범주는 특정 기능을 갖지 못한다. 예를 들어, 접속사는 주어 기능을 갖지 못하고, 명사는 접속사 기능을 갖지 못하며, 대명사는 부가사가 되지 못한다. 말하자면, 각 범주마다 수행 가능한 기능이 있고, 어떤 기능은 여러 유형의 범주들이 수행할 수 있다.

범주들이 모두 기능이론에서 동일한 가치를 갖는 것은 아니다. 주요 기능(주어, 목적보어, 속사)은 주로 명사구의 기능이다. 반면에, 동사는 엄격한 의미에서 기능을 지닌다고 볼 수 없다. 흔히 동사는 문장의 핵심(noyau)이요 주축(pivot)이라고 말한다. 이 말은 문장의 구조를 이루는 주요 기능들이 동사와 관련해서 결정된다는 것을 의미한다. 전술한 바와 같이, 동사 aimer(사랑하다)는 논항구조상 사랑의 행위자와 사랑의 대상을 요구하므로, 주어와 목적어가 동사 aimer에 의해 결정되며, 이 기능의 요소들이 이 동사의 구문에 반드시 나타나게 된다.

문장의 구조에서도 동사는 상위에 있다.

(6) On [demande [un employé [très quailfié]]].

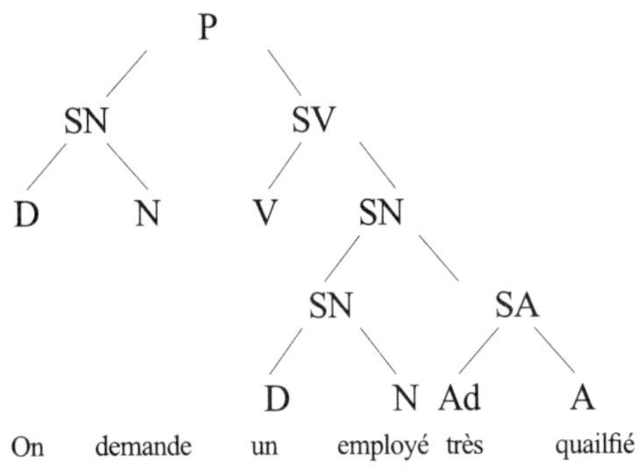

이렇게 문장은 계층구조를 이루게 되는데, 주어-동사의 기본적 관계에 의해 지배되는 몇 개의 관계 층이 있는 것이다. 이렇게 동사는 기능이론에서 특별한 위치를 차지한다.

어떤 범주들은 아주 다른 이유로 기능을 갖지 못한다. 전치사와 접속사가 그렇다. 문법은 보통 이들을 연결의 도구어로 취급한다. 전치사의 도입기능과 접속사의 연결기능은 일반 기능과 같은 차원에 놓여있는 것이 아니다.

기능 개념은 그러므로 범주 개념과 상보적 관계에 있다. 그래서 언어를 기술하기 위해 우리는 기능 개념과 범주 개념을 모두 사용할 필요가 있다. 그런데 문법서에 따라, 사용된 기능의 종류가 같지 않고 다양하다. 문법서들 간의 이러한 변이는 기능을 정의한 기준이 다양하고, 기능이 만들어진 조건이 특수하기 때문일 것이다. 기능에는 주어, 목적보어, 속사, 부가사, 동격, 동작주보어, 상황보어 등이 있다.

기능의 정의

모든 정의의 바탕에는 의미적 관점과 형식적 관점이 있다. 각 기능은 문장의 의미와 형식에 의해 정의될 수 있는 것이다. 형식적 관점은 의미적 정의가 보이는 막연하고 모호한 성격을 피하고, 각 기능을 구별 짓는 특징적 기준에 의거한다는 장점을 갖는다. 이 두 가지 관점에서 주요 기능들을 검토해 보기로 한다.

1. 주 어

1. 주어 기능의 전통적 정의는 문장의 의미적 재단과 관련된 여러 가지 난제들을 제기한다. 전통문법은 주어를 〈능동형 동사가 표현하는 행위를 행하는 사람이나 사물〉, 또는 〈수동형 동사가 표현하는 행위를 당하는 사람이나 사물〉로 정의한다. 이런 의미적 정의의 불충분성을 보여주는 일은 어렵지 않다. 연계사구문은 문제 삼지 않더라도, Jean reçoit un coup나 le linge sèche에서 Jean이나 le linge가 어떤 '행위'를 하는지 잘 알 수가 없다.

이런 주어 개념은 주어/술어 대립에서의 주어 개념이나 주제/객술 대립에서의 주제 개념과 혼동해서는 안 된다. 전술한 바와 같이,

주어/술어의 구별은 문장의 논리적 재단에 해당하는 것이다. 이 구별은 무엇인가가 언술되는 대상(주어)과 이 대상에 대한 언술(술어)의 구별이다. 〈Pierre poursuit des études〉에서 〈Pierre〉는 주어이고 〈poursuit des études〉는 술어이다. 반면에, 주제/객술의 대립은 담화(discours)에 관련된 것으로서 언술체에서 이미 알고 있는 것(주제)과 새로운 것(객술)의 구별이다. Qu'est-ce que tu fais à huit heures?의 대답, A huit heures, je fais des courses에서 A huit heures는 주제이고, 나머지 je fais des course는 8시에 하는 일에 대한 정보로서 객술이 된다. 억양이나 통사법이 어떤 구성요소를 강조하지 않은 문장에서는 주제/객술의 대립은 중화된다. 그래서 Je me lève à huit heures에서는 주제와 문법적 주어가 일치한다. 그러나 이 앞의 예문에서는 그렇지 않다.

주어 기능은 명사구의 다른 기능보다 우위성을 갖는다. 문장의 계층구조에서 동사구와 함께 가장 상위에 위치하고, 문장을 직접 구성한다. 반면에, 목적어 명사구는 동사구의 지배를 받는다.

게다가. 주어 기능은 필수적 기능이다. 정의상 모든 문장은 주어를 가지기 때문이다. 이러한 우선권은 특히 주어-동사 일치에서 나타난다. 주어위치는 보통 명사구가 차지하는 위치지만, 문장도 그 위치를 차지할 수 있다. 이 경우의 문장은 접속법 문장으로 되어(특히 시제표시를 잃음으로써) 자신의 언술행위적 자율성을 부분적으로 잃는다.

주어의 전통적 정의들은 대개 의미적 정의이다. 그래서 주어는 사행의 동작주(agent)이거나 어떤 속성의 보유자이다. 이 두 경우는 Paul boit sa bière와 Le lion est agressif에 잘 나타난다. 이 구별이 반드시 상태동사의 유무와 관련되는 것은 아니다. 그래서 Paul fume

는 사행으로 해석될 수도 있고, Paul의 속성으로 해석될 수도 있다. 그러나 상황보어를 첨가하면(Paul a fumé hier dans sa chambre), 이 문장은 동작이 있는 사행으로 해석된다.

주어 기능은 주로 명사구, 고유명사, 대명사 등 명사류가 수행하지만, 또한 절 범주가 수행할 수도 있다.

(1) *Faire la cuisine* est tout un art.

(2) *Qu'il ait échoué* n'a rien d'étonnant.

그래서 주어는 명사류라는 식으로 기능과 범주를 동일시해서는 안 된다.

2. 주어에는 비인칭 주어(sujet impersonnel)라는 것이 있다. 술어만 쉽게 파악되고 주어의 설정이 곤란할 때, 문법적 배려에 의해 il이나 ce를 주어로 사용하는 경우가 있는데, 이것이 비인칭 주어이다. 날씨나 시간을 나타내는 표현(Il pleut., Il fait chaud., Il est cinq heures 등) 이외에도 다음과 같은 것이 있다.

(1) Il faut du pain.

(2) Il y avait une fois un roi qui avait sept filles.

(3) Il est arrivé un grand malheur à Pierre.

(4) Il reste des fruits dans le frigo.

(5) Il manque trois élèves ce matin.

(6) C'est honteux de raconter des histoires pareilles.

위 예문에서는 의미상으로 술어에서 주어가 파악되고 있다. 이런 경우의 il이나 ce를 문법적 주어(sujet grammatical) 또는 형식주어(sujet apparent)라 하고, 의미상으로 파악된 주어를 실제주어(sujet réel)라 한다. 위 예문에서 형식주어는 자신의 표시(3인칭 단수)를 동사에게 부과하는 대명사(il, ce)이고, 실제주어는 의미상의 주어로서 qu'est-ce qui? 또는 qui?에 대응하는 요소인 du pain, un roi, un gtrand malheur, des fruits, trois élèves, de raconter...이다.

(1)과 (2)는 날씨 표현의 Il pleut처럼, 비인칭구문으로만 가능하고(*Du pain faut), 나머지는 인칭구문도 가능하다(Trois élèves manquent ce matin). 비인칭구문을 형식적 관점에서 보면, 주어는 대명사 il, ce이다. 이 대명사가 동사에게 자신의 인칭과 수의 표시를 부과한다. 그리고 동사 다음에 있는 의미상의 주어도 형식적으로는 목적보어의 행태를 보인다. 그것을 대명사로 바꾸면, Il en faut, Il y en avait..., Il en est arrivé..., Il en reste... 등으로, (6)은 Ça l'est로 된다.

실제주어와 형식주어 간의 구별은 주어의 의미적 정의와 위치적 정의 간의 불일치 문제를 해결하고자 이루어진 것임을 알 수 있다. 사실 비인칭 대명사 il, ce는 의미적으로 허사인 것이다. 그렇지만, 이들은 위치와 일치의 두 기준에 부합하므로 이들을 통사적 주어로 인정하지 않을 수 없다.

3. 주어를 형식적으로 정의하는 시도가 있다. 주어를 형식적으로 정의하는 데는 4가지 기준이 사용된다. 문장에서의 위치, 동사와의 형태론적 관계, 물음과의 관계가 그것이다.

첫째, 문장에서의 위치이다. 주어는 동사 앞에 오는 명사구이다. 그러나 그렇지 않는 경우도 있다. 예를 들어, 의문문과 어떤 문두부사가 있는 문장 등이 그 경우이다.

(1) Viendront-ils seuls?

(2) Encore faudrait-il qu'ils viennent.

그렇지만, 이 두 경우는 기본어순(기준어순)의 규칙적 변형으로 설명할 수 있다. 이 변형은 전통적으로 '주어 도치'라 불렀던 것인데, 생성문법론에서는 이것을 동사의 이동(핵 이동)으로 설명한다. 즉 주어는 제 자리에 있고, 동사가 이동한 것으로 설명한다. 이 '주어 도치'가 다음 예에서처럼 문체적 목적을 가질 수도 있다.

(3) En tête du cortège s'avancaient les dignitaires du pays.

둘째, 동사와의 형태론적 관계이다. 주어는 동사에게 인칭과 수, 때로는 성의 범주를 부여하는 요소이다.

(1) Chacun des élèves donnera dix euros.

(2) La plupart des participants ont applaudi chaleureusement.

(3) Une foule de manifestants s'amassait sur la place.

(4) Elles sont allées au bord de la mer pour se promener.

그러므로 주어는 엄격히 문법적 가치를 갖는 것이다. 그래서 이 주어를 사행의 동자주나 수동자 등과 혼동해서는 안 된다. 이 기준은 주어가 정상적 위치에 있든 그렇지 않든 모든 경우에 유효하다.

셋째, 물음과의 관계이다. 주어는 qui?, qu'est-ce qui?에 대한 대답으로 사용되는 요소이다.

(1) A Pierre, Paul raconte toujours tout.

Qui raconte? Paul. 그러므로 Paul이 동사 raconter의 주어이다. 수동문의 경우, 주어와 행위자를 혼동하지 않기 위해서는 물음도 수동형으로 만들어야 한다.

(2) Le courrier est distribué par un nouveau facteur.

Qui distribue? un nouveau facteur. Qu'est-ce qui est distribué? Le courrier. 그러므로 est distribué의 주어는 le courrier이고, un nouveau facteur는 동작주 보어이다.

그런데 동사 distribuer의 논항구조를 두고 볼 때, le courrier는 배달의 대상으로서 목적어 논항이다. 그래서 생성문법론에서는 수동문의 주어 le courrier는 능동문에서와 같이 목적어 위치에 병합되었다가, 수동문의 구조적 이유로 주어 위치로 이동된 것으로 분석한다.

넷째, 동작주 보어와의 관계이다. 어떤 문장의 주어는 그 수동문의 동작주 보어에 해당한다. 이 기준은 동작주 보어의 특징을 나타내는 데도 유효하다.

(1) *Dix étudiants seulement* ont subi avec succès les oraux.

(2) Les oraux ont été subis avec succès *par dix étudiants seulement.*

이상에서 제시한 주어의 의미적 특성들과 형식적 특성들이 모든 문장에서 모두 검증되는 것은 아니지만, 이 특성들을 알고 있으면 주어의 특징을 어렵지 않게 규명할 수 있을 것이다.

2. 목적보어

목적보어의 전통적 정의는 〈주어의 행위가 지나가는 존재나 사물〉이다. 그런데 Pierre passe l'année ici나 Pierre assoit son autorité에서 어떤 의미에서 주어의 행위가 목적어를 '지나간다'(passer)는 것인지 잘 알 수가 없다. 이러한 난제를 의식하고 문법가들은 목적보어의 통사적 특성을 사용하여 이를 극복해보고자 했다.

1) 문장에서의 위치

목적보어는 일반적으로 동사 다음에 온다. 그러나 속사도 동사 다음에 온다(Je suis un imbécile). le soir와 같은 상황보어도 동사 다음에 온다(Elle travaille le soir). 목적보어가 대명사이면 동사 앞에 온다(Je l'ai vu). 목적보어가 문체적 이유로 문두에 올 수도 있다(A son père, Pierre obéit toujours au premier mot. Cet oiseau, je l'ai déjà vu hier). 따라서 이 위치만으로 목적보어를 구별할 수는 없다.

2) 직접보어와 간접보어

이것은 동사 다음에 직접 놓이는 보어(J'ai interpellé Pierre)와 전치사와 함께 구성되는 보어(J'ai parle à Pierre)의 구별이다. 그러나 이 구별은 상황보어에도 적용된다(Il dort la nuit / Il dort à Paris). 그러므로 목적보어만의 특성을 분명하게 드러내는 기준을 찾아보아야 한다.

3) 물 음

물음 이용법은 보어 분석에서 흔히 사용되었던 기준이다. 동사의 목적보어는 직접인 경우는 qui, quoi, 간접인 경우는 전치사+qui, quoi로 된 물음에 대응한다(Elle mange quoi? une pomme. Il obéit à qui? à son père). 이 기준은 목적보어를 상황보어로부터 구별한다. 상황보어는 quand?, où?에 대응하기 때문이다(Elle travaille quand? le soir. Il dort où? à Paris). 그러나 이 기준은 목적보어를 속사로부터 구별하지 못한다(J'ai vu quoi? un pic-vert. Je suis quoi? un imbécile). 의문 où?는 동사의 보어를 문장의 보어(부가구)로부터 구별하지 못한다(Il va où? à Paris/ Il dort où? à Paris).

그래서 동사의 보어를 다른 보어와 구별하는 다른 기준을 찾게 된다.

4) 삭 제

목적보어를 비롯한 동사의 보어는 삭제 불가능하다(*Il accroche (un tableau 삭제). *Il habite (à Paris 삭제). *Il va (à Paris 삭제)). 이 기준은 동사의 보어를 부가구(문장의 보어)로부터 구별하지만(Il dort (la nuit 삭제). Il se promène (à Paris 삭제)), 속사로부터 구별하지 못한다. 속사도 삭제불가능하기 때문이다(*Je suis (triste 삭제)).

5) 이 동

목적보어는 문장에서 이동불가능하다(*un chien Paul regarde). 이 기준은 목적보어를 부가구로부터 구별한다(la nuit, il mange).

6) 대명사화

목적보어는 대명사로 될 수 있다. 이 기준에 의해 목적보어는 부가구(상황보어)와 구별된다.

(1) Pierre travaille *le bois* au tour.

- Pierre *le* travaille au tour

(2) Il travaille *la nuit* à la lumière électrique.

- *Il *la* travaille à la lumière électrique.

(3) Pierre vient *d'un village du sud.*

- Pierre *en* vient

(4) Il travaille *de tout son coeur.*

- *Il *en* travaille

(5) Pierre travaille *à son roman.*

- Pierre *y* travaille.

(6) Il travaille *à la lumière électrique.*

- *Il *y* travaille.

그러나 이 기준이 항상 유효한 것은 아니다. 속사도 대명사로 될 수 있고(Marie est médecin : Marie l'est), 부가구 중에서 특히 장소를 나타내는 부가구도 y로 대명사화되기 때문이다(Pierre travaille *à Paris* : Pierre *y* travaille).

7) 수동화

수동화가 가능할 때, 직접목적어는 수동문의 문법적 주어로 될 수 있다.

(1) L'autobus a renversé un piéton.

(2) Un piéton a été renversé par l'autobus.

그런데 수동문의 주어는 모두 능동문의 직접목적어지만, 능동문의 직접목적어가 모두 수동문의 주어가 될 수 있는 것은 아니다.

(3) *Deux chats sont voulus par Pierre.

(4) *Une voiture neuve est eue par Pierre.

그러므로 수동화도 직접목적어를 정의하는 충분한 기준이 되지 못한다.

이상의 검토를 통해 우리는 겉으로 아주 자명해 보이는 목적어와 같은 개념도 그것을 명확하게 구분하는 일은 그렇게 쉬운 일이 아님을 알 수 있다. 그리고 직접목적어 특성들이 모두 동등한 효력을 갖는 것도 아니다. 즉 직접목적어의 독특한 특성은 이동불가능성이다. 반면에, 수동화는 너무 제한적이고, 물음법, 대명사화 등은 별로 선별적이지 못한 특성이다.

3. 속 사

앞에서 행한 바와 같이, 동사구를 연계동사구와 동작동사구의 두 유형으로 구분한 것은 통사론적으로 중요하다. 속사와 동격 기능이 바로 연계동사구의 특수성에 근거를 두기 때문이다.

연계동사는 1) 그 다음에 오는 명사(구)가 삭제될 수 없고, 2) 명사(구) 외에도 형용사(구)도 그 다음에 올 수 있는 동사로 정의해 두고, 속사와 동격 기능을 차례로 살펴보기로 한다.

3.1. 주어의 속사

주어의 성질 · 상태 등 그 속성을 나타내는 일종의 보어를 속사(attribut)라고 한다. 속사를 주어에 연결하는 동사를 **연계사**(copule)라고 한다.

연계사는 être, paraître, sembler, se montrer, devenir, rester 등 특정 의미의 동사들이다. 주어의 속사가 될 수 있는 범주는 기본적으로 명사(구), 형용사(구), 그리고 특수한 유형의 전치사구들이다(Cette balle est *en caoutchouc*).

동사 être가 있다고 해서 그 구문이 모두 연계사동사구문인 것은 아니다.

(1) Pierre est gentil.

(2) Pierre est dans le parc.

(1)은 연계사동사구문으로서 gentil는 명사(구)와 대체될 수 있고, 동사 est는 paraît, devient 등과 대체될 수 있다(Pierre devient l'ami de Paul). 그러나 (2)에서 est는 se trouve, est assis 등과 대체될 수는 있어도, devient과는 대체될 수 없다. 그리고 est가 est assis로 대체된 구문에서, dans le parc는 명사(구)와 대체될 수 없다(*Pierre est assis l'ami de Paul). 그러므로 이 두 est는 서로 다른 기능을 하고 있는 것이며, (2)는 연계동사구문이 아니다.

형용사(구)라고 해서 모두가 속사 위치에 나타날 수 있는 것은 아니다. 전술한 관계형용사가 그렇고(*le rayon est *solaire*), 부가사의 자격을 잃고 의미를 강조하는 강조사가 된 전치 형용사가 그러하다. 그래서 c'est un *parfait* bandit와 ce garçon est parfait에서 parfait는 동음이의어로 작용한다.

속사 명사(구)는 동사 다음에 놓이는 다른 명사(구)와 몇 가지 점에서 구별된다. 그것은 1) 이동불가능하다(*Paul mon ami est). 2) 삭제불가능하다(*Paul devient). 3) 형용사와 대체될 수 있다(Paul est rete facteur / idiot). 이 대체는 속사의 고유특성이다. 4) 수동문의 주어가 될 수 없다.

속사 명사구는 여러 가지 제약을 받는다. 그 중 대표적으로 1) 한정사에 대한 제약이 있다 : Pierre cantonnier / Pierre est un cantonnier. 2) 명사구의 확장에 대한 제약이 있다 : Pierre semble un bon chanteur. 그러나 *Pierre semble (un) chanteur). 이 제약은 동사와 속사 기능에 동시에 연관된 제약이다.

3.2. 목적보어의 속사

속사에는 주어의 속사 이외에도 직접목적어의 속사도 있다. 이 속사는 제한된 동사들(croire, trouver, juger, estimer, rendre, nommer, élire, avoir, proclamer, considérer, prendre 등)의 구문에서만 가능하다. 주어의 속사와 같이, 명사(구)나 형용사(구)가 이 기능으로 사용될 수 있다(On a élu Paul député / On a trouvé Paul aimable). 그렇지만 동사에 따라 어느 하나만 사용될 수도 있다.

1) 직접목적어의 속사는 삭제불가능하다(*Paul a les bras (noirs 삭제)).
2) 직접목적어와 속사의 순서를 바꿀 수 있다(Je considère comme inutile votre démarche 또는 On a pris pour un champion ce type). 이 점에는 리듬적 제약이 존재한다. 직접목적어-속사의 순서 바꿈은 중의성(부가사 / 속사)을 제거하는 데 유용하다. 그래서 J'estime courageux les enfants에서 courageux는 부가사로 해석될 수는 없다.
3) 수동문의 경우 속사는 동사 바로 다음에 놓인다. Paul est jugé coupable par Jean. 이 속사는 직접목적어의 구성요소가 아니기 때문이다.
4) 직접목적어-속사의 관계는 주술관계이다. 주어-속사 구문에서처럼, Elle trouve sa soeur stupide와 Elle tient Paul pour son fiancé에서 각각 sa soeur est stupide와 Paul est son fiancé의 관계를 설정할 수 있다.

4. 동 격

주어와 동격(apposition)의 관계는 주어와 속사의 관계와 같다. 동격 기능은 앞에서 본 형용사(구) 외에도(Les soldats, *fatigués*, font la sieste), 명사(구)가 수행할 수도 있다. 동격 명사(구)는 주로 두 가지 역할을 수행한다. 1) 개체를 전체 속에 편입시켜 그것의 특성을 강조한다: Pablo, *Argentin de pure souche*, adore la tango. 2) 개체에게 고유한 특성을 부여하여 그것을 유일한 것으로 만든다: Wagner, *l'auteur de Parsifal*, était l'ami de Nietzsche.

동격 명사(구)는 동격 형용사(구)와 마찬가지로, 문장부사를 동반할 수 있고, 여러 가지 상황적 가치를 가질 수 있다: Paris, *ville malheureusement enlaidie*, reste un grand centre artistique. 이 문장에서 동격어는 양보의 가치를 갖는다. 동격은 대개 주어 다음에 위치하지만, 주어 앞에 올 수도 있다: *Général de génie*, Napoléon a conquis l'Europe.

주어와 동격의 통사관계가 〈주어 + 연계사 + 속사〉의 구조이므로, 동격 명사구의 한정사에 제약이 부가되며, 그래서 한정사는 흔히 생략된다: ce garçcon, *(un) ingénieur très doué*, accepta de faire le travail.

5. 분석과 독해

이 장에서는 문장의 통사구조를 직접구성요소로 분석하고 구성요소별 기능을 고찰함으로써 프랑스어의 독해능력을 함양한다.

먼저 문장을 주어부와 술어부로 나누어 주어를 중심으로 살펴보고, 그 다음 술어부를 주도하는 동사와 그 보어를 살펴본다. 동사의 보어에는 동사에 의해 의미적으로 선택된 필수적 보어와 그렇지 않는 수의적 보어가 있으므로 먼저 필수적 보어를 중심으로 살펴보고, 수의적 보어는 부가구로서 대개 상황보어이므로 이는 별도로 구분하여 살펴본다. 동사에 부여되는 굴절소의 요소들 중에서 서법과 시제는 독해에서 중요한 요소이므로 이것도 별도로 고찰한다.

1. 주 어

1.1. 주어의 범주

주어로 사용되는 범주는 명사구, 대명사, 명사 상당어, 부정법, 절 등이다.

명사구

(1) *L'appartement* était petit, obscur, encombré.

(2) *Les Grecs* furent les premiers à créer cette illusion que le monde est harmonieux pour l'homme, contre laquelle

témoigne toute l'œuvre de Malraux.

(3) Pendant que je pleurais, *une espérance* riait au fond de moi.

(4) *Le chat gris de la voisine* poursuit une souris dans le grenier.

대명사

(1) *J'*aime infiniment le désert.

(2) Mais, *la mienne* était fausse. Elle valait au plus cinq cent francs!

(3) *Cela* me tranquillise et me soulage.

(4) *Ce* qui m'a le plus effrayé lorsque j'ai revu Robert, *c'*est un bandeau *qui* cachait une partie du visage.

(5) *Ce* dont on se repent était délicieux d'abord.

(6) Ce que j'en dis, *c'*est pour te remercier.

(7) Ils guettent dans les gares. -*Qui* est-ce qui guette?

(8) *Quoi* dans sa vie, lui donnait le droit de parler ainsi?

(9) *Quelqu'un* me frappa sur l'épaule.

(10) Ce qui est surprenant, *c'*est qu'ils parurent quelque temps s'accommoder de ce régime.

i) 위 예문 (6)에서 보는 바와 같이, ce+관계절을 다시 ce로 받기도 한다. 속사가 절(que P)일 경우는 반드시 그렇게 한다(10).

명사구 상당어

(1) *Le mieux* est de se précipiter, au juger, vers les poules, la tête en avant, afin de trouer l'ombre.

(2) *L'essentiel* n'est pas que la volonté du plus grand nombre se fasse, mais que le bien se fasse.

(3) *L'essentiel*, *c'*était que Charlotte fût heureuse.

(4) Rien n'est beau que le vrai, *le vrai* seul est aimable.

(5) Vos *mais* me déplaisent toujours.

(6) *Est-ce bien cela*? doit être la question continuelle que le lecteur se fait à lui-même.

부정법

(1) *Quitter son pays* est la plus grande joie, après celle d'y rentrer.

(2) Et *de penser à toi* me soutiendra.

(3) *Remonter*, *quitter la casque et le costume*, *c'*est le passage de la vie à la mort

i) 부정법 앞에 de가 놓이게 되면 개별적 사실을 표시하고, de가 없으면 일반적 사실을 표시한다.

ii) 주어 부정법을 ce로 다시 받기도 한다(3)

(4) Que servirait *d'éveiller* en Gertrude un espoir qu'on risque de devoir éteindre aussitôt. (que = à quoi)

(5) Quand même, *il* est meilleur *de se glisser* le long des murailles.

(6) *C'*est une chose *que de détourner* une jeune fille, *c'*en est une autre *que d'essayer* de la corrompre.

i) 예문 (5), (6)에서 보는 바와 같이, 주어 자리에 형식주어 il 또는 ce를 두어 부정법을 예고해 놓고, 부정법을 문미에 두어 실주어로 하는 수가 많다. 이때의 부정법 앞에는 (que) de가 놓인다.

ii) 속사가 형용사일 때는 il, 명사일 때는 ce를 사용하는데, 강조할 경우에는 속사가 형용사일 때라도 ce가 쓰이기도 한다.

Ah, *c'*est dur d'être toujours seule, sans personne à qui parler.

iii) 실주어가 명사구이면 que만이 쓰인다.

a. C'est une honte *que* le mensonge.

b. C'est donc une grande satisfaction pour l'Occident *que* l'accord qui va entrer en vigueur.

보어절(que P)

(1) *Qu'à cause de lui elle souffrît et pleurât* le bouleversa.

(2) *Que le bombardement eût cessé* avait fait naître de l'espoir.

(3) *Qu'il y eût de par le monde des roses ou des tulipes*, lui était indifférent.

(4) *Qu'on ne vous voie pas trop en public, c'*est la meilleure conduite à tenir dans votre cas.

(5) *Qu'une telle Grammaire répondît à un besoin*, *il* est possible.

(6) *Il* est vrai *qu'il n'y a pas de plus grande peine que de rappeler un temps heureux dans la misère.*

(7) N'est-*ce* pas justement incroyable, depuis le temps qu'on en dispute, *qu'on n'ait pas encore répondu*?

i) 위 예문들에서 보는 바와 같이, 문두에 놓인 주어 기능의 절에는 접속법 동사가 쓰이고 있는데, 이 접속법은 비논리적인 용법으로 간주되고 있다. 문미에 위치할 경우에는 접속법이 쓰이지 않는다는 사실이 이것을 증명한다.

ii) 주어 절도 주어 부정법 동사구의 경우처럼 문미에 놓일 때가 많다. 이 때도 주어 자리에는 형식주어 il, ce가 와서 뒤에 오는 절을 예고한다.

다음 예문에서는 수사적 도치와 의문 도치에 의해 주어절이 문미에 위치하게 된 것이다.

(8) a. A cela s'ajoute *que M. Octave avait reçu la visite de Beauprêtre.*

(9) Il ne considéra pas ce qu'avait d'anormal *que Séryeuse prît si vite rang parmi ses anciens amis.*

i) que Séryeuse…는 avait의 주어. d'anormal는 ce를 수식. 이 경우 형용사 앞에는 de가 놓인다.

(10) Accoutumés à nous observer en public, d'où vient *que nous parûmes pris en faute*?

(11) Dites! que signifie donc *que vous vous soyez si vite*

dérobé?

(12) Qu'importe *que tu sois ≪Nêne≫ ou ≪Madeleine≫?* Si tu es bonne pour lui, c'est l'essentiel..

간접의문절

(13) *Si le coup d'État que voici finira par faire de Hitler le véritable maître de l'Allemagne*, cela dépendra du chef raciste lui-même.

(14) *Ce que j'ai été, ce que j'ai fait pendant la guerre* importe peu.

i) 이때의 ce que는 의문사 que 또는 qu'est-ce que가 간접의문형으로 된 것이므로 que 이하를 ce를 선행사로 하는 관계절로 보면 안 된다.

ii) 이 경우에서도 주어 자리에 형식주어 il, ce를 두고 간접의문절을 문미에 두기도 한다.

a. Il me fut demandé *qui j'étais et quelle était ma profession.*

b. C'est d'ailleurs singulier *combien de nos jours les jeunes filles entrent en mariage plus tard que jadis.*

(15) *Quiconque veut être un héros* doit s'imbiber de brandy.

(16) *Qui cède au premier venu* est sans force devant le second.

(17) *Qui exagère la pudeur* doit exagérer l'amour, les Anglais sont ainsi.

(18) *Où ils diffèrent*, c'est de mentalité.

1.2. 비인칭 il

(1) a. Il pleut. Il brume. Il fait chaud (froid, doux, ...).

b. Il fait du vent (du soleil, de la pluie, ...).

c. Il est cinq heures.

(2) a. Il y a *de la craie* sur le pupitre, il y *en* a aussi dans le tiroir.

b. Pour devenir savant, il faut travailler nuit et jour.

c. Il s'agit de votre avenir.

d. Il en est du feu comme des passions.

(3) a. Il vaut mieux *ne pas vous en mêler*.

b. Il n'est pas facile *de se passer* de tabac.

c. Il est arrivé *un accident* tout imprévu.

d. Il se fit dans la voiture *un silence* consterné.

e. Il tombait *une neige* lourde et lente.

i) il est, voilà, voici도 실제주어를 유도할 때가 있다.

a. Il est si *peu d'êtres* sur terre qui savent trouver leur emploi.
(il est = il y a).

b. Voilà *un joli sujet de nouvelle*.

c. Voici achevée *cette confession*.

ii) 부정문에서는 실제주어 앞에 de가 놓인다.

a. Il ne viendra donc pas *de* médecin?

b. Il n'existe pas encore *de* métalangue de ce type.

1.3. 주어의 생략

명령문에서, 일기, 전보 등에서, 비인칭 구문에서, 급한 대화에서 주어를 생략할 수 있다.

명령문

(1) *Allez* vers votre mère et *soyez* sage.

(2) Ne *faites* pas trop de bruit si le bruit la fatigue.

일기, 전보

(1) *Passé* toute la soirée avec Mlle de Cheverny.

(2) *Arriverai* 8 courant 15 heures 25 Gare Seoul.

비인칭구문

(1) Je n'ai pas de galant. − *Faut* en chercher un, ma petite.

(2) *Reste* à savoir si ça a la moindre importance.

(3) *Peu m'importe* ce qu'on en pensera.

(4) Quant à la limite d'en bas, mieux *vaut* n'en pas parler.

(5) Tant *s'en faut* qu'il y consente, au contraire, il l'empêchera.

급한 대화

(1) *Descendez*, monsieur?

2. 술 어

술어 동사구는 크게 동작동사를 중심으로 구성된 동작동사구와 연계동사와 속사로 구성된 연계동사구로 나타난다.

동작동사구

(1) Pierre *marche.*

(2) Ils *aiment leurs parents* et *les respectent.*

(3) Le policier *sait qui a fait le coup.*

(4) Il *a renoncé à son projet.*

(5) Je *donnerai ce livre à mon frère.*

연계동사구

(1) Son mari est *médecin.*

(2) L'enfant paraît *malade.*

(3) Elle resta *fidèle à son maître.*

2.1. 동 사

문장에서 화자의 언술태도를 표시하며 술어 동사구의 통사구조를 결정하는 것이 동사이다. 문장에서 동사 자체는 많은 정보를 가지고 있다. 주어의 인칭(personne), 수(nombre), 성(genre)에 관한 정보와 서법(mode), 시제(temps), 태(voix), 시상(aspect) 등의 정보가 동사에 표시된다. 예를 들어, Ils vont au cinéma에서 vont에는 삼인칭, 복수, 직설법, 현재 등의 정보가 있다. 이러한 정보들을 총칭하는 범주를 굴절소(Inflexion)(생성문법론에서는 시제소 Temps)라 부르고, 동사와 분리해서 별개의 추상적 범주로 취급한다.

이 굴절소의 자질들은 동사에만 관련되는 것이 아니고, 다른 품사(한정사, 명사, 형용사)에도 그 일부가 관련되는 것으로서 낱말들이 서로 결합하여 문장을 구성하게 될 때, 이 낱말들에게 의미작용을 할 수 있도록 일정한 형태 통사적 속성을 부여하는 문법적 범주이다.

그러면 굴절소의 요소들을 살펴보기로 하겠는데, 상세한 것은 일반 문법서에 미루고 여기서는 주의할 점만 간단히 지적하기로 한다. 그러나 서법과 시제의 용법은 문장의 이해에서 중요하므로 별도로 살펴볼 것이다.

2.2. 굴절소

1) 인칭과 수

술어동사가 주어에 결부되기 위해서는 주어의 인칭과 수에 형태상으로 일치되어야 한다. 그런데 다음과 같은 경우에서는 주의를 요한다.

(1) Une nuée de moucherons *dansaient*.

(2) Une trentaine d'années *a suffi* à bouleverser ces notions.

위의 두 예문에서는 다 같이 「단수명사+de+복수명사」가 주어로 사용되어 있지만, 동사가 전자에서는 복수형이고 후자에서는 단수형으로 되어 있다. 그 까닭은 주어를 한 덩어리의 단수개념으로 파악하느냐, 또는 그 개체 하나 하나를 생각해서 복수로 파악하느냐하는 문제가 있기 때문이다.

(3) Le français, ainsi que l'italien, *dérive* du latin.
(cf. Le français ainsi que l'italien *dérivent* du latin).

(4) La chaloupe avec un canot seulement *se trouvèrent* en état de servir. (여기서 avec는 거의 et와 같은 뜻).

그리고 plus d'un 같은 것은 「하나 이상」이라는 뜻이니까 복수로 보아야 할 것이지만, 단수로 취급하는 습관이 있다.

(5) Plus d'un se *rappela* des matinées pareilles.

2) 서 법

화자가 자신의 말에 대해 취하는 심적 태도를 **서법**(mode)이라고 한다. 서법에는 **인칭법**(mode personnel)과 **비인칭법**(mode impersonnel)이 있다. 인칭법은 동사가 인칭과 수의 형태뿐만 아니라, 서법과 시제의 형태를 갖추어 화자의 심적 태도를 표시하는 서법이고, 비인칭법은 동사가 화자의 심적 태도를 표시하지 아니하는 서법이다.

인칭법에는 화자의 태도가 객관적이고 단정적임을 표시하는 **직설법**(mode indicatif), 주관적이고 유보적임을 표시하는 **접속법**(mode subjonctif), 추측이고 가정적임을 표시하는 **조건법**(mode conditionnel), 의지·명령적임을 표시하는 **명령법**(mode impératif)이 있다. 직설법은 자신의 말을 전적으로 책임지는 방식이고, 접속법과 조건법은 자신의 말에 대한 책임을 부분적으로 또는 전적으로 회피하는 방식인 것이다.

조건법의 용법에는 시제로서의 용법과 서법으로서의 용법이 있다.

(1) 시제적 용법

Avant l'examen, je croyais qu'il y *réussirait*, mais il n'a pas réeussi.

(2) 서법적 용법

a. Il cherche un camarade qui *partirait* avec lui.

b. Jamais, *devrais*-je vivre mille ans, je n'oublierai les émotions de ce jour étonnant.

과거에서의 미래(futur dans le passé)를 표시하는 시제적 용법은 직설법에 속하고, 서법적 용법은 불확실성(incertitude)을 내포하고 있다는 점에서 접속법에 속하는 성질의 것이다. 조건법은 그러므로 이 두 서법에 분속되는 것이라 해도 좋겠다.

비인칭법에는 **부정법**(infinitif), **분사법**(participe), **제롱디프**(gérondif)가 있다. 비인칭법의 동사는 동사적 개념만을 표시할 뿐, 화자의 심적 태도를 나타내지 않기 때문에 엄격히는 서법 동사라고 할 수 없는 성질의 것이다. 부정법을 접속법과 같은 것으로 간주하는 경향도 있다.

부정법은 동사적 개념을 지니고서 문장에서 명사적으로 사용된다. 가령 Moi, te trahir?에서 「나」라는 주제와 「배신하는 것」이라는 객술이 명사적으로 파악되는 형식으로 병치되어 있다. 이러한 이지문(二肢文)에서 trahir가 「배신하는 것」이라는 뜻에서는 명사적이지만 te를 목적보어로 하고 있다는 점에서 동사적이다. 이처럼 부정법은 명사적인 것이므로 문장에서는 주어, 목적보어, 속사, 동격어 등의 기능을 하게 된다.

분사법은 현재분사와 과거분사로 이루어지는데, 이들은 동사적 개념을 지닌 채 문장에서 형용사적 기능을 한다. 즉 동사와 형용사의 성질을 겸하고 있는 것이다.

(1) J'imaginais ma tante *se levant* et *déplaçant* son fauteuil avec un zèle respectueux, car elle vénérait son père.

(2) A demi nue, *courant* sur la plage, *criant*, *noyée* de larmes et d'embruns, c'est une vivante furieuse et *épouvantée*.

위에서 보는 바와 같이 과거분사는 관계되는 명사의 성·수에 일치하지만, 현재분사는 일치하지 않는다. 그런데 어미형 -ant을 가진 것이 (대)명사의 성·수에 일치해서 형용사의 성질만을 지니게 될 때가 있는데, 이런 것을 **동형사**(adjectif verbal)라 한다.

(3) Mollement balancées et *brillantes*, comme des pommes, les étoiles murissaient dans les ténèbres tièdes.

제롱디프(gérondif)는 -ant형으로 된 동사가 전치사 en을 앞세우고 있는 것을 말하는데, 이것은 주절의 주어를 의미상의 주어로 삼고 주절에 대해서 상황보어의 구실을 한다.

(1) Le maire de Sérianne avait failli avoir une crise d'apoplexie *en apprenant* que son cadet y était entré.

i) 제롱디프의 의미상의 주어가 주절의 주어가 아닌 경우도 예외적으로 있으나 의미상의 혼란이 없어야 한다:

En montant l'escalier, un vide soudain s'ouvrait.

3) 시 제

동사가 표시하는 상태·동작은 그 본질상 시간 가운데서 전개되는 것이므로 동사의 굴절소에는 시간을 나타내는 기능이 내포된다. 그래서 동사의 시제(temps)라는 범주가 인정되는 것이다. 여기서 주의할 점은 실제의 시간과 시제상으로 약속된 시간이 일치하지 않을 때가 있다는 것이다. 예를 들어, 다음 예문에서:

(1) Je *pars* demain.
(2) Il *part* à l'instant.
(3) Je pense que mon homme d'équipe *aura pris* des précautions pour vous conduire.

동사 pars와 part가 이 어형에 약속된 시간은 '현재'인데 실제로는 미래와 과거의 뜻으로 사용되어 있고, 전미래 aura pris가 실제로는 과거시를 의미하고 미래성은 추측성으로 바뀌어져 있는 것 등이 그러하다.

4) 능동태/수동태

동사의 행위가 주어로부터 전개되는가, 또는 주어에게로 전개되는가를 동사의 어형변화로 표시한 것이 태(voix 態)인데, 전자의 것을 능동태(voix active)라 하고, 후자의 것을 수동태(voix passive)라

한다.

능동태 : 자동사와 간접타동사는 원칙적으로 능동태로 사용되고, 직접타동사는 목적보어를 동반해서 능동태로 사용될 수 있다.

(1) Le sucre *fond* facilement dans l'eau chaude.

(2) Elle retourna le menu, y *jeta* d'une main vive des signes d' écriture musicale

(3) Mais la santéne *s'améliore* pas.

수동태 : 〈être+과거분사〉의 형식으로 되는데, 수동태로 될 수 있는 동사는 원칙적으로 직접타동사라야 한다.

(1) Il avait atteint le rivage et allait s'embarquer, lorsqu'il *fut saisi* par des douaniers.

(2) La Suède *était riante* et *couverte* de fleurs.

그러나 직접타동사라고 해서 모두 수동태로 될 수 있는 것은 아니며(pouvoir, avoir, *etc.*), 또 직접타동사 이외의 동사도 예외적으로 수동태가 될 수 있다. 다음과 같은 경우 간접타동사나 비인칭 구문에서 동작주 없이 수동태로 되는 것이 그 예이다.

(1) Il vit qu'il *était pardonné.*

(2) Il me *fut répondu* que je ne le verrais plus.

(3) La politesse peut donc *s'apprendre* comme l'escrime.

2.3. 조동사

동사는 그 자체의 어형변화에 의해서 태·시제·서법을 나타내지만, 약간의 동사는 다른 동사와 어울려서 태·시제를 형성하며 서법적 의미를 표시한다. 이런 경우에 사용되는 다른 동사를 **조동사**(verbe auxiliaire)라고 한다.

- avoir, être는 복합시제를 만드는데 소용되며, être는 또한 직접 타동사의 과거분사와 어울려서 수동태를 이루는데 쓰인다. 이렇게 쓰이는 avoir, être는 자신의 본래의 뜻을 상실하고 다만 문법적 기능만을 지닌다.
- falloir, devoir, pouvoir 등은 부정법과 결합되어 필연성·가능성 등의 언술태도를 나타내어 서법적 의미를 지닌다.

(1) Il *faudra* en avoir un.

(2) Vers une heure, elle le sentait proche : il ne *doit* pas être bien loin, il *doit* voir Buenos-Aires.

(3) Moi aussi, demain, je *peux* mourir.

- Venir de, sortir de, ne faire que de, (s'en) aller, être sur le point de, se mettre à, être à, manquer, compter 등은 부정법을 지배해서, aller en은 현재분사를 지배해서 그 부정법 또는 분사가 표시하는 행위의 양상(시상 aspect), 즉 종결, 개시, 계속 등을 표시하는 조동사가 된다.

(1) Le soleil *ne faisait que de* paraître à l'horizon lorsque le frère d'Amélie ouvrit les yeux.

(2) Mais aujourd'hui c'est jour férié; je *m'en vais* me donner vacances, pour une unique fois dans ma vie.

(3) Ce mauvais serviteur *doit être* à roder dans le quartier voisin, le terrible quartier des femmes.

(4) Il *a manqué* (de) tomber.

(5) Les affaires de maison Coiffard *allaient en* empirant.

- faire, laisser는 주어와는 다른 주체로부터 행위가 전개됨을 나타낸다. 그래서 "태"의 조동사라고도 일컬어지는데, faire는 사역의 뜻으로, laisser는 방임의 뜻으로 쓰인다.

(1) Une sorte de colère sacré lui *fit* oublier ses devoirs.

(2) Attendez, *laissez*-le cuver sa colère.

3. 서법과 시제의 용법

1) 직설법 현재(présent de l'indicatif)

(1) 언술시점에서의 일시적 혹은 계속적 행위나 상태

a. Je *saisis* le bouton de la porte, j'*ouvre* la porte et j'*entre* dans la chambre.

b. Que *faites*-vous là? －Je *cherche* mon canif.

c. Il *lit* le roman depuis ce matin (depuis deux heures).

(2) 습관적 행위

Chaque matin ma mère *se lève* à six heures.

(3) 항구적이며 보편적인 사실

a. L'homme n'*est* qu'un roseau, le plus faible de la nature; mais c'*est* un roseau pensant.

b. Cela ne *se fait* pas. (=Cela ne doit pas se faire.)

c. La jeune fille semblait le type absolu de l'honnête femme à laquelle le jeune homme sage *rêve* de confier sa vie.

(4) 가까운 과거 또는 가까운 미래

a. Monsieur votre père? —Il *sort* à l'instant. (=Il vient de sortir.)

b. Mon frère est en voyage. Il *revient* demain. (=Il va revenir.)

(5) 〈si+현재〉는 현재나 미래에서의 불확실한 가정을 나타낸다.

S'il *fait* beau demain, j'irai au cinéma.

(cf. Quand il viendra demain, je lui en parlerai.)

(6) 역사적 현재(présent historique)

Tout à coup Carmen se retourne et me lance un coup de poing dans ma poitrine. Je me laissai tomber exprès à la renverse.

2) 직설법 반과거(imparfait)와 단순과거(passésimple)

(1) 반과거는 과거에서의 지속적인 행위나 상태(action-ligne), 단순과거는 일시적 행위(action-point)를 나타낸다.

a. Il *hésitait.* On le *pressa* de questions, et il *finit* par s'avouer.

b. Quand nous *entrâmes* dans sa chambre, il *dormait* comme un sabot.

c. Un matin, je *travaillais* dans mon cabinet quand on m'*annonça* la visite de M. Vincent.

d. Dans le jardin, il *trouva* sa femme, qui le *cherchait* et qui lui *tendit* précipitamment une lettre qu'elle *tenait* à la main.

i) 사건의 배경·상황을 묘사하기 위해서는 반과거를 사용하고, 잇달아 일어나는 사건을 나타내기 위해서는 단순과거가 쓰이는데, 근대 작가들은 잇달아 일어나는 사건을 그림과 같은 수법으로 묘사하기 위해서 반과거를 사용하는 수도 있다.

La chèvre blanche franchissait d'un saut de grands torrents qui l'éclabouchaient au passage de poussière humide et d'écume. Alors, toute ruisselante, elle allait s'étendre sur quelque roche plate et se faisait sécher par le soleil.

(2) 반과거는 과거에서의 습관적 행위와 과거에서의 동시(현재)를 나타낸다.

a. Autrefois, quand il avait vingt ans, tous les dimanches, pendant l'été, il *allait* se baigner.

b. Il me demande si tout *est* prêt. →Il me demanda si tout *était* prêt. (=Il me demanda : ≪Est-ce que tout *est* prêt?≫)

(3) 반과거는 과거에서의 가까운 과거, 가까운 미래를 나타내기도 한다.

Il *partait* quand je suis arrivé. (=Il allait partir... 또는 Il venait de partir...)

(4) 〈si+반과거〉는 현재사실과 반대되는 가정을 나타낸다.

a. Si vous *étiez* à Paris, vous ne quitteriez pas mon chevet et ma chambre.

b. Si on y *allait*? (권유)

c. Si tu *savais* combien je suis malheureuse! (소망)

d. Elle parle comme si elle *était* un garçon.

3) 직설법 복합과거(passé composé)

(1) 복합과거는 과거에서 행해진 일의 결과인 현재의 상태를 표시한다. 그리고 경험을 통해서 현재와 연관이 있는 과거사를 나타내기도 한다.

a. Il est deux heures. Nous *avons déjeuné*. Papa propose une sortie.

b. Vous ne la trouverez plus : elle *est morte*.

c. Avez-vous été en Angleterre? —Oui, j'y *ai été* plusieurs fois.

d. Je ne l'*ai* pas *vu* depuis huit jours.

(2) 복합과거는 또 단순과거를 대신해서 과거의 일을 나타내기도 한다.

Il glissa et il *tomba.* －Il *a glissé* et il *est tombé.*

Hier, à cause de la panne de gaz, nous *déjeunâmes* (nous *avons déjeuné*) à trois heures.

4) 직설법 대과거(plus-que-parfait)와 전과거(passé antérieur)

(1) 이 두 시칭은 어떤 과거시에 앞서서 행해진 일을 표시한다는 점에서는 동일하나, 전과거는 기준이 되는 과거(단순과거)의 직전에 행해진 일임을 나타내는데, 때로는 단독으로 쓰여서 동작이 신속히 행해짐을 표시하기도 한다.

a. Quand il *eut prononcé* ces paroles, il demeura silencieux.

b. Aussitôt qu'il *eut compris* la plaisanterie, il se mit à rire.

c. Le chien *eut dévoré* le pain en un moment.

(2) 전과거가 동작의 완료 자체에 중점을 두는데 반하여, 대과거는 완료된 일의 결과인 상태에 중점을 두는데(과거에 옮겨진 복합과거), 습관적 행위를 나타내기도 한다. －기준이 되는 과거는 단순과거 · 복합과거 · 반과거 어느 것이라도 좋다.

a. Il reconnaît qu'il *a menti.* → Il a reconnu (reconnut, reconnaissait) qu'il *avait menti.*

b. Il arriva en retard : il *avait manqué* le train.

c. Un matin, en m'éveillant, je vis que l'hiver *était venu.*

d. Le houblon qu'il *avait planté* lui-même enguirlandait maintenant les fenêtres jusqu'au toit.

e. J'*avais terminé* mes devoirs quand il est venu me voir.

f. Tous les soirs, quand il *avait fini* son travail, il faisait une petite promenade.

i) 현재와의 거리감을 강조하기 위해서, 과거 이야기의 시작을 대과거로 나타낼 때가 있다.

M. Seguin n'avait jamais eu de bonheur avec ses chèvres. Il les perdait toutes de la même façon : un beau matin, elles cassaient leur corde, s'en allaient dans la montagne, et là-haut le loup les mangeait

(3) 〈si+대과거〉는 과거사실을 반대로 가정한다.

a. Qu'est-ce que vous auriez fait si vous *aviez été* à ma place?

b. Si j'*avais* mieux *travaillé*! (유감)

c. Elle avait les yeux un peu rouges, comme si les nuits précédentes elle *avait* beaucoup *veillé*.

5) 조동사(verbe auxiliaire)

(1) 복합시제

a. 대부분의 동사는 avoir를 조동사로 한다. 과거분사는 주어와 일치하지 아니한다.

b. 다음 자동사들은 être를 조동사로 하며, 과거분사는 주어의 성 · 수에 일치한다 : aller, venir; sortir, entrer; rentrer, revenir, retourner; partir, arriver; monter, descendre; tomber; rester; naître, mourir; devenir.

c. 대명동사는 être를 조동사로 하는데, 과거분사는 재귀대명사가 직접목적일 때에 그것에 일치한다.

Elle s'est *lavée*. 그러나 Elle s'eat *lavé* les mains.

(2) 수동태(voix passive)

être를 조동사로 하며, 서법과 시칭은 être의 그것에 의한다. 과거분사는 주어의 성·수에 일치한다.

a. Je *suis interrogé* par le professeur.

(Le professeur m'*interroge*.)

b. Cette cravate *a été donnée* par maman.

(Maman *a donné* cette cravate.)

c. Ils seront couduits à la gare.

(On les conduira à la gare)

i) 〈être+과거분사〉는 주어가 입은 동작의 결과상태를 표시할 때도 있다: Le porte est *fermée*.

ii) 수동태의 동작주는 par 혹은 de로 나타내지는데, 대개 일시적 동작은 par로, 항구적 상태는 de로 표시된다.

a. Marie est aimée *de* tout le monde.

b. Des arbres ont été brisés *par* le vent.

6) 직설법 단순미래(futur simple)와 전미래(futur antérieur)

(1) 단순미래는 미래에서 행해질 동작·상태를 나타내며, 전미래는 미래의 어느 때 이전에 완료되는 행위를 나타낸다.

a. Tant que je *vivrai*, je n'*oublierai* jamais votre amitié.

b. Quand nous *aurons préparé* notre leçon, nous serons libres.

c. Au moins, mon argent que j'*aurai gagné* sera à moi.

(2) 단순미래는 현재의 단정을 완화하며, 전미래는 복합과거의 단정을 완화한다.

a. On frappe à la porte, ce *sera* mon ami Georges.

b. Je vous *prierai* de n'en rien dire.

c. Il n'est pas là, il *aura manqué* le train.

d. J'ai froid, vous *aurez oublié* de fermer la porte.

(3) 화자의 의지·명령을 나타낼 때가 있다.

a. Tu me *téléphoneras* demain matin.

b. Vous *aurez fini* quand nous rentrerons.

7) 과거에서의 미래(futur dans le passé)와 과거에서의 전미래(futur antérieur dans le passé)

과거에서의 미래(조건법 현재형)는 주절의 과거시를 기준으로 미래적 행위를 나타내고, 과거에서의 전미래(조건법 과거형)는 주절의 과거시를 기준으로 전미래적 행위를 나타낸다.

a. Je crois qu'il *partira* demain.

Je croyais qu'il *partirait* le lendemain.

b. Je crois qu'il *sera parti* avant mon arrivée

Je croyais qu'il *serait parti* avant mon arrivée.

c. Il m'a dit qu'il *partirait* quand il *aurait reçu* son passeport.

i) 과거미래의 사실이 말하는 시점(현재)에서 볼 때도 역시 미래의 일이면 단순미래가 쓰일 수도 있다.

Il m'a écrit qu'il *viendra* demain.

ii) 서술 전체가 과거로 되어 있는 글 가운데서, 과거미래가 독립절에 쓰여 있으면, il dit.와 같은 주절이 생략된 간접화법(자유간접화법)인 것으로 보면 된다.

Il refusa de me conseiller. Je ferais comme je voudrais.(=Il me dit que je ferais comme je voudrais.)

8) 조건문에 쓰이는 조건법 (조건문=조건절+주절)

(1) 현재의 사실을 반대로 가정하면 발생할 것으로 생각되는 일(현재 또는 미래의 결과)을 나타낼 때, 조건절에는 직설법 반과거, 주절에는 조건법 현재가 사용된다.

a. Si j'avais de l'argent en ce moment, j'*achèterais* ce livre. (Je n'ai pas d'argent et je ne peux pas l'acheter.)

b. Si je n'avais pas manquéle train, je *serais* maintenant à Bordeaux. (Comme j'ai manquéle train, je ne suis pas maintenant à Bordeaux.)

i) 현재 또는 미래 사실에 대한 가정과 그 결과는 다음과 같이, 조건절은 직설법 현재, 주절은 직설법 단순미래로 표현된다.

a. S'il *est* jeune, je l'*emploierai* comme secrétaire.

b. Si je *suis* libre demain, je *viendrai* te voir.

(2) 과거의 사실을 반대로 가정하면 발생했을 것으로 생각되는 일(과거의 결과)을 나타낼 때. 조건절에는 직설법 대과거, 주절에는 조건법 과거가 사용된다.

a. S'il était arrivé plus tôt, il l'*aurait trouvée* chez elle.

(Il arriva trop tard et il ne la trouva pas.)

b. Si vous étiez imbécile, vous l'*auriez fait*.

(Vous n'êtes pas imbécile et vous ne l'avez pas fait.)

i) 조건법 과거 대신에 접속법 대과거가 쓰이기도 한다.

ii) 과거에서의 결과가 확실할 때는 조·과거 대신에 직·반과거가 쓰인다.

Un pas de plus, et vous *étiez* dans le gouffre.

iii) 불확실한 과거사실에 대한 가정과 그 결과는 다음과 같이 나타낸다.

S'il est parti à 2 heures, il *aura terminé* son voyage.

(3) 가정의 조건은, si... 이외에도, 여러 가지로 나타내진다.

a. Sans votre aide, je n'*aurais* jamais *réussi*.

b. A l'entendre parler, on le *croirait* fou.

c. Je *serais* ravi de vous voir demain matin.

d. Encore cinquante mètres, et vous *verriez* son bateau.

e. Jean comprit qu'il la *gênerait* en restant davantage.

9) 조건법의 기타 용법

(1) 말씨의 완화

a. *Voudriez*-vous me prêter ce dictionnaire?

b. Je *désirerais* vous dire un mot.

c. Vous *auriez dû* partir tout de suite.

(2) 추측

a. Ce *serait* lundi dernier que l'enfant *aurait été mordu* par un chien.

(cf. C'est... que l'enfant a été mordu...)

b. Selon les journaux de ce matin, l'arrestation ne *serait* qu'une question d'heure.

(cf. ……, l'arrestation n'est qu'une question d'heure.)

(3) 상상적 사실 (관계절이나 비교절에 많다)

a. Un homme qui *aurait* dix yeux ne verrait pourtant qu'un soleil.

b. Il marchait comme un homme qui *aurait bu*.

c. Je pris sa main comme j'*aurais fait* à un enfant malheureux.

d. Il ne remue plus, *on dirait* qu'il est mort.

e. *On* ne *saurait* trop insister sur l'importance de cette découverte.

(4) 가정적 양보

a. Quand même vous le *voudriez*, vous ne le *pourriez* pas.

b. Il le *dirait* que personne ne le *croirait*.

c. Elle *serait* dix fois plus riche, elle n'en *serait* pas heureuse.

d. *Serait*-ce au prix de ma vie, je *tenterais* cette entreprise.

i) 조건법 동사를 포함한 두 개의 절이 병치되어 있는 형식에서 많이 볼 수 있다. 두 절 사이에 que가 두어질 때도 있고, 양보절에서 주어도치가 행해지기도 한다.

(5) 감정적 용법

a. Moi, je *manquerais* à ma parole!

b. Comment *pourrais*-je ne pas le faire?

10) 접속법(subjonctif)의 용법

직설법이 사실을 객관적으로 서술하는 데 반해서, 접속법은 머릿속에서 생각되는 것을 나타내는 주관적 서법이다.

(1) 의지 · 감정 · 판단 · 의혹 · 부정 등을 나타내는 동사 vouloir, désirer, aimer, craindre, avoir peur, s'étonner, être heureux (fâché, content, etc.), trouver bon, douter, nier 등에 따르는 종속절에서:

a. Je *veux* qu'il *écrive* à son père le plus tôt possible.

b. *Dites*-lui qu'il *vienne* me voir après sa leçon.

c. Je *crains* en outre qu'après votre départ elle ne *s'ennuie* beaucoup seule.

d. Elle est si *heureuse* que vous *soyez* ici.

e. Je *regrette* qu'il ne me *croie* pas.

f. Nous *doutons* qu'il *soit* vraiment sincère.

g. Je *nie* qu'il *dise* la vérité.

(2) 위와 같은 뜻으로 쓰이는 비인칭구문 il faut, il semble, il est possible (nécessaire, etc.), il suffit, il vaut mieux 등의 뒤에 오는 종속절에서:

a. *Il faut* que je vous *fasse* un aveu.

b. *Il semble* que le malade *aille* mieux.

(cf. Il *me semble* que le malade *va* mieux.)

c. *Il vaut mieux* que vous *alliez* vous reposer.

d. *Il est préférable* que nous *attendions* ton père.

e. *Il est impossible* que vous *restiez* à la maison.

(3) 부정체 또는 의문체로 쓰인 croire, penser, dire 등에 따르는 종속절에서. ─그 내용이 확실한 사실이 아닐 때에 쓰인다.

a. *Je ne crois pas* qu'un jour je *puisse* l'oublier.

b. *Croyez-vous* que je *veuille* détruire mon bonheur?

(4) que를 앞세운 절이 글머리에 두어질 때.

a. *Que* tu *prennes* ces choses au sérieux, *ça* me dépasse.

b. *Que* charité *soit* synonyme d'amour, tu *l*'avais oublié, si tu *l*'avais jamais su.

(5) 상황을 나타내는 afin que P, pour que P; avant que P, jusqu'à ce que P, en attendant que P; pourvu que P, à condition que P, à

moins que P, supposé que P, si P 대신에 쓰이는 que P, sans que P; non(pas) que P; quoique P, bien que P; si...que P, quelque...que P, quoi que P 등에서.

a. Il est trop délicat *pour qu'*on *puisse* le faire travailler.

b. Au moins ne décidez rien *avant qu'*il soit là.

c. Attendons *jusqu'à ce qu'*il *revienne.*

d. Moi, je ferai comme tu feras, *pourvu qu'*on *se marie.*

e. Il ne fait rien *sans qu'*il me *consulte.*

f. Entre eux, ils conversent en anglais, *bien que* tous les deux *parlent* couramment le français.

g. *Si* grand *qu'*il *soit*, il n'est pas tout-puissant.

(6) 관계절에서

a) 부정체 혹은 의문체로 된 주절에서의 낱말이 선행사일 때.

a. D'ailleurs je *n'*ai *pas de robe* qui *convienne.*

b. *Y-a-t-il quelqu'un* qui ne *comprenne* pas ?

b) 선행사가 최상급의 형용사 혹은 premier, seul 등으로 한정되어 있을 때.

a. C'est *le meilleur* conseil que je *puisse* vous donner.

b. L'homme est *le seul* animal qui *sache* qu'il doit mourir.

c) 주절이 목적이나 희망을 나타내고 있을 때.

Je *cherche* un secrétaire à qui je *puisse* me fier.

d) 주절이나 독립절에서

a. que를 앞세우고 소망·명령을 나타낸다.

Que je ne vous *revoie* plus !

Qu'on m'*apporte* un peu d'eau.

Prévenez le gendarme... Qu'il *vienne* tout de suite.

b. que 없이 쓰이는 숙어적 표현에서(주어도치가 많다).

Vive la République ! *Vive* les vacances !

Béni *soit* Dieu ! (Dieu *soit* béni !)

Puissé-je arrvier à temps !

11) 가정을 나타내는 접속법 대과거

접속법 대과거는 조·과거를 대신해서(단 과거전미래의 경우는 제외) 과거사실에 대한 추측을 나타낼 수 있다(조건법 과거 제 2형). 조건절에서도 쓰이는데, 이 때는 직·대과거 대신이라 하겠다.

a. S'il avait été(eût été) plus habile, il aurait réussi(eût réussi).

b. Née vingt ans plus tard, elle *eût fait* une bonne journaliste.

c. S'il avait été mort, elle *eût continué* à vivre comme si rien n'était arrivé.

d. Une femme qui m'*eût aimé* aurait chéri ma gloire.

e. Ce livre *eût-il coûté* deux fois plus cher, je l'aurais acheté tout de même.

연습

다음 글을 우리말로 번역하고, 동사의 서법과 시제의 용법을 설명해보자.

Version(1)

1. Au bout d'un quart d'heure, il me sembla qu'on sentait le brûlé. Moi j'ai toujours peur du feu. Je me relève donc, je sors, je cherche, je sens partout comme un chien de chasse, et je m'aperçois enfin que mon parapluie brûle.

2. Tous deux montèrent dans la voiture, sous les flocons de neige qui tourbillonnaient. La nuit allait venir. Il faisait très froid.

3. La résistance du noir fut héroïque. D'un coup de poing, il terrassa l'homme qui le tenait au collet. Il laissa un morceau de son habit entre les mains de l'autre matelot, et s'élança comme un furieux sur le lieutenant pour lui arracher son sabre.

4. La chèvre blanche franchissait d'un saut de grands torrents qui l'éclaboussaient au passage de poussière humide et d'écume. Alors, toute ruisselante, elle allait s'étendre sur quelque roche plate et se faisait sécher par le soleil.

Version(2)

1. Moi, dit Athos, je n'ai pas même mis l'épée à la main; mais j'ai pris celui à qui j'avais affaire à bras-le-corps et je l'ai jeté par la fenêtre; il paraît qu'en tombant, continua Athos avec quelque hésitation, il s'est cassé la cuisse.

2. Longtemps après que nous eûmes quitté la salle de concert, Gertrude restait encore silencieuse et comme noyée dans l'extase.

3. Les soldats attaquèrent l'ennemi avec impétuosité, et, en un clin d'oeil, ils l'eurent défait.

4. M. Seguin n'avait jamais eu de bonheur avec ses chèvres. Il les perdait toutes de la même façon : un bon matin, elles cassaient leur corde, s'en allaient dans la montagne, et là-haut le loup les mangeait.

Version(3)

1. Je pars demain pour un long voyage dans l'Amérique du Sud. Je serai peut-être plusieurs années sans te donner de mes nouvelles. Si je t'écris pas, ne sois pas inquiet. Je reviendrai au Havre une fois fortune faite. J'espère que ce ne sera pas trop long, et nous vivrons heureux ensemble.

2. Tu porteras chez le photographe, pour les faire développer, les clichés que tu auras pris.

3. La prochaine guerre, dit le colonnel qui s'était laissé tomber dans le fauteuil voisin de celui d'Aurelle, la prochaine guerre sera si affreuse que tous ceux qui auront assisté à celle-ci s'en souviendront avec regret.

4. C'était un vieux domestique aveuglément dévoué, prêt à accomplir tous les ordres qu'elle lui donnerait.

5. Il laissa les deux femmes en leur recommandant de se barricader dans la maison dès que la nuit approcherait.

6. Assurément, le père Turpin savait bien que tout le monde meurt un jour, mais il ignorait que le jour de la mort de sa femme serait celui-ci.

Version(4)

1. Si tu m'avais dit que nous resterions si tard, je ne serais pas venu.

2. Si Mme Rênal avait été Parisienne et avait lu des romans, elle aurait compris, en voyant Julien, le danger que l'entrée de ce jeune homme dans la maison pouvait présenter pour elle.

3. Je contemplai en silence cette petite fille dont j'aurais été prêt à croire qu'elle était une apparition, si je n'avais pas pris dans ma main la main qu'elle m'avait tendue.

4. Fleming cherchait, de longue date, une substance qui détruirait les microbes pathogènes sans attaquer les cellules de patient; un hasard allait amener cette substance sur sa table. Mais il n'eût pas remarqué la visiteuse magique inconnue s'il ne l'avait attendue depuis quinze ans.

5. Est-elle heureuse? -Comment ne le serait-elle pas!

6. Personne ne serait mieux vu à l'heure actuelle qu'un ministre qui réussirait à abaisser le coût de la vie.

7. Les renseignements que vous me demandez ne me seraient pas faciles à trouver quand même j'aurais ma bibliothèque à ma disposition.

Version(5)

1. a) Que voulez-vous que je fasse? b) Où veux-tu que j'aille? c) Comment voulez-vous que je vous explique ça, alors que je ne sais pas moi-même.

2. Il est si fort. Il suffit qu'il ouvre la bouche pour qu'on soit sûr qu'il a raison.

3. Je regrette beaucoup de vous avoir fâché, quoique je ne comprenne pas comment. Et je vous promets de faire tout ce qu'il vous plaira pour que vous me pardonniez.

4. Elle n'admet pas qu'il puisse y avoir quoi que ce soit de déraisonnable ou de surraisonnable dans l'enseignement de l'Evangile.

5. Quoi que vous fassiez, quoi qu'il advienne, rien n'altérera jamais l'admiration que j'ai pour vous, ni mon dévouement, ni ma gratitude.

6. J'ai longtemps réfléchi durant ces mois d'hiver; je crains, voyez-vous, que le monde entier ne soit pas si beau que vous me l'avez fait croire, pasteur.

Version(6)

1. Depuis qu'il est mort, j'ai souvent pensé à ce sexagénaire comme à l'un des hommes les plus malheureux que j'aie jamais connus.

2. Ce qui me chagrinait davantage, c'est qu'Amélie eût osé dire cela devant Gertrude; car bien que j'eusse pris ma femme à l'écart, elle avait élevé la voix assez pour Gertrude l'entendît.

3. Je trouvais aussi que les objets avaient un drôle d'air; ils étaient plus effacés, moins denses qu'à l'ordinaire. Il suffisait que je regarde le banc, la lampe, le tas de poussier, pour que je sente que j'allais mourir.

4. C'était un enfant superbe. Bien qu'il n'eût qu'un jour, il ouvrait déjà ses petits yeux. On eût dit qu'il riait. Il était fort, et, pour l'intelligence, on lui eût au moins donné six mois.

5. Le parapluie était criblé de petits trous provenant de brûlures, comme si on eût vidé dessus le cendre d'une allumette.

4. 주어의 속사

(1) Harry, je suis *innocente*! répéta la jeune dame d'une voix étranglée.

(2) Il reste *robuste* malgré son âge.

(3) Vous semblez peu *content*.

(4) *Honnête*, il ne l'est guère.

(5) Tout *autre* était la situation de Duchastel.

(6) Je restais là, debout, attendant qu'il me congédiât.

i) 주어의 속사로 쓰이는 현재분사는 연계동사 바로 다음에 오지 않고, 그 사이에 부사나 딴 어귀가 와서 유리된 상태에서 동격속사로만 쓰인다. 즉 je restais attendant..., il est regardant...의 표현은 불가능하다.

(7) Les mots riches de couleurs et de sonorité sont aussi *difficiles* d'emploi que les bijoux voyants et que les teintes vives dans la toilette

(8) Chassé par sa mère, *il devint charretier*.

(9) Je conviens avec vous que M. Hyacinthe est *un savant*.

i) 속사로 쓰이는 명사에 관사가 없으면 단순히 속성을 나타내는 형용사적 성질이고(Il est *artiste*), 관사가 있으면 명사적 개체성이 강하게 된다(Il est *un artiste*).

(10) Si j'étais *vous*, je ne serais pas fière de cette réponse-là.

i) 인칭대명사 vous 앞에 de 또는 que de가 놓이기도 하는데, 이때는 si j'étais un peu vous, 또는 si j'étais vous en quelque manière와 같은 뜻을 지니어 더 공든 표현이 된다.

(11) Je n'étais plus *moi-même*, je ne savais plus *qui* j'étais.

(12) *Qu*'est-ce donc que cette vie, plus brève que la brève mémoire des hommes!

(13) Après tout, le père de M. Julien n'est *autre chose* qu'un charpentier.

(14) Si vous le compariez à la salle à manger, qui lui est contiguë, vous trouveriez ce salon élégant et parfumé comme doit *l*'être un boudoir.

(15) Suis-je un homme? C'est *ce* qu'on va voir.

(16) Il avait dûs'attendre à la visite d'un paroissien, non à celle de l'inconnu *que* j'étais évidemment pour lui.

(17) Et les maîtres ès arts, *dont* sera Villon, ne rougissaient pas de porter des vestes courtes.

(18) Supprimer une de ces idées, c'est *envoyer* au supplice des milliers d'innocents.

(19) Le jeune homme, sur le dos, vêtu de sa veste de gros drap, trouée et déchirée à la poitrine, semblait *dormir*.

(20) Un des triomphes de Diaghilew fut de la présenter au public parisien dans le rôle de Cléopâtre. C'était la présenter à Antoine.

(21) La grande difficulté, c'est *d'avoir* des cordes.

(22) Ecrit avec des larmes, cet acte de foi et d'amour est à *lire* lentement de derrière les larmes.

(23) L'incendie ne semblait plus à *craindre.*

i) 연계동사가 être일 때는 부정법 앞에 de가 놓이기도 하는데, 예정·필연 등의 뜻이 들어갈 때는 à가 놓이게 된다.

(24) Je rêve une chose adorable qui est *que son bonheur à venir sorte précisément de ce qui a été son malheur dans le passé.*

(25) Son seul défaut était *que, vieux, il continuât encore à fonctionner.*

(26) L'essentiel n'est pas *que la bonté du plus grand nombre se fasse, mais que le bien se fasse.*

(27) Le plus triste, c'est *que cette opinion des béotiens n'est pas sans avoir déteint sur la génération nouvelle.*

i) c'est que... 형식이 si, quand, puisque로 시작되는 절 뒤에서는 c'est parce que...의 뜻일 때가 있으므로 주의할 것.
Pusiqu'elle m'a donné rendez-vous pour demain, *c'est que* tout n'est pas perdu.

(28) Ce qui paraît certain du moins, c'est *que ses amis de Paris, ses parents ne l'avaient pas abandonné.*

(29) Ce dont je me plains, c'est *qu'il ait ce côté en dessous,*

clérical et sournois.

i) 특히 주어가 ce+관계절일 때는 그것을 반드시 ce로 다시 받는다. 그리고 이와 같은 문장에서 속사가 명사이거나 부정법이면 de를 앞세운다.
Mais ce dont j'eus le plus à souffrir, ce fut *de* ma sensibilité maladive à tout changement de température.

(30) Il est encore là *qui attend la réponse.*

(31) Qu'est-ce que c'est que l'enfer? −C'est *où vont les enfants qui font des mensonges.*

(32) C'est *à quoi il est en vérité le plus sensible*, c'est ce qui l'a d'abord attiré.

(33) C'est *pourquoi je m'efforce d'oublier mes rêves au réveil.*

(34) Ce n'est pas parce que j'ai organisé ici une équipe de football.

- vivre, naître, mourir, finir, partir, entrer, s'en aller, 등은 원래 속사를 필요로 하지 않는 완전자동사이지만, 속사를 취할 때가 있다.

(1) Barberousse *vit* solitaire avec son chien.

(2) Tu *finiras* catholique, si tu ne l'est déjà.

(3) Egoïste vous êtes *né*, égoïste vous *mourrez*.

i) 위의 예문에서 속사가 문두에 나온 것은 강조된 때문인데, 이런 경우에서 주어가 대명사가 아니고 명사이면 도치된다: Très brusque a été *l'ordre de départ*.

(4) Je le veux! devrais-je *m'en aller* nourrice dans les villes, pour gagner de l'argent.

(5) Un enfant du pays *parti* simple soldat.

5. 동사의 보어

동사의 보어에는 목적보어(complément d'objet)가 있다. 넓은 의미에서 연계동사구문의 **속사**(attribut)도 이에 포함될 수 있다.

동사의 목적보어는 동사에 의해 의미적으로 선택되는 요소로서 동사구의 필수적 구성요소가 되며 그것이 없으면 동사가 완전한 술어를 구성할 수 없게 된다. 목적보어에는 **직접목적보어**(comp. d'objet direct)와 **간접목적보어**(comp. d'objet indirect)가 있다. 직접목적보어와 함께 사용된 간접목적보어를 **제2목적보어**(complément d'objet secondaire)라고 부르기도 한다. 그리고 자동사가 동일한 개념의 명사를 목적보어로 취해서 타동사처럼 쓰이는 경우가 있는데, 이 경우의 목적보어를 **내적목적 보어**(complément d'objet interne)라고 하며, 반드시 한정어를 갖는다.

(1) 직접목적보어

a. Marescot ouvrait *la bouche* pour répondre.

b. Alors consultons *le docteur*, qui est réputé expert en phtisie.

(2) 간접목적보어

a. L'alcool nuit *à la santé*.

b. Il ne peut douter davantage *de leur pureté parfaite*

i) 직접목적어를 취하는 동사를 직접타동사(verbe transitif direct)라 하고, 간접목적어를 취하는 동사를 간접타동사(verbe transitif indirect)라고 한다.

(3) 제2목적보어

a. Une jeune fille *lui* présenta un bouquet de fleur.

b. La guerre l'a privée *d'un si bon fils*.

(4) 내적목적보어

a. *Quel rêve*, grand Dieu, je rêvai!

b. Philbertine avec sa dot lui permettait d'acheter la propriété dont il avait l'envie et d'y vivre à cultiver sa vigne *la vie* d'artiste à laquelle il tenait.

이 외에도 전통적으로 **상황보어**(comp. circonstanciel)와 **동작주보어**(comp. d'agent)가 있다. 전술한 바와 같이, 의미적 용어인 상황보어가 가리키는 것에는 동사의 보어와 문장의 보어가 혼재하므로 이것을 먼저 구별하는 것이 통사론적으로 중요하다. 상황보어 중에서 이동이나 삭제가 가능한 것을 **문장의 보어**라 하고, 삭제나 이동이 불가능한 것(je vais à *Paris*, cela pèse *vingt kilos* 등)은 **동사의 보어**라 한다(Grevisse, 499-500). 통사론에서 문장의 보어를 **부가구**라고 부르고 이 부가구만을 상황보어로 본다. 동작주보어는 수동구문에서 의미상의 행위자 보어를 말한다.

(5) 상황보어(동사의 보어)

a. Je vais *à Paris*.

b. Il va *bien*.

c. Leur amitié a duré *trente ans*.

d. Cela pèse *vingt kilos*.

(6) 동작주보어

a. Le vieux chêne a été renversé *par le vent*.

b. La peinture m'était enseignée *par ma sœur*.

i) 타동사가 목적보어 없이 쓰일 때도 있는데, 이것을 **타동사의 절대용법** (emploi absolu)이라 한다.

a. Mais, si petite que soit la consolation, elle *berce*.

b. Ma mère *reçoit* tous les lundis.

5.1. 목적보어

1) 직접목적보어

직접목적보어로 쓰일 수 있는 범주는 명사구, 대명사, 부정법, 절, 등이다.

명사구

(1) On ouvrit *la fenêtre*, puis *les volets*.

(2) J'aime *Laurent* comme un frère, dit-elle douloureusement, lorsque sa tante se tut.

(3) Pourtant j'ai eu *de la misère* et *des peines*.

(4) —Voyons, dit-elle, c'est sérieusement que vous croyez *la santé d'Estelle* en danger? Il répondit: —Oui, je le crois.

(5) *Quelles mines* ont vos aides?

(6) *Que de choses* j'ai faites déjà!

(7) *Ma marraine*! je ne *l'*avais pas encore vue; je ne *la* connaissais pas du tout.

(8) On ne *les* dit jamais, *ces choses-là*!

i) 목적보어에 의문이나 감탄이 걸리면 그것은 문두에 놓인다.

ii) 강조하기 위해 목적보어를 문두나 문미에 유리시켜 놓고 동격의 대명사를 문장 가운데 두기도 한다.

대명사

(1) La ville est très petite; je dus *me* contenter d'une vulgaire échoppe sur la place.

(2) —Excusez-*moi*, dit-il, mais je n'*en* bois presque jamais.

(3) Je n'emmène que *lui* et *vous*.

(4) Elle seule au monde existait pour moi; je *la* poursuivais, *la* touchais, et *la* perdais tour à tour de mon regard fuyant.

i) 대명사가 두 개 이상의 동사에 걸릴 때는 각 동사에 반복 사용된다.

ii) 동사가 복합시제일 때는 조동사가 반복되어야 대명사도 반복된다.

a. Il *m'*a protégéet *m'*a secouru.

b. Elle *l'*a nourri, veillé et caressé.

(5) Il vous offre un cigare, allume *le sien* et parle deux heures.

(6) Tu ferais *ça* pour moi?

(7) La chaleur du sang de l'oiseau dépasse de plusieurs degrés *celle* du sang humain.

(8) L'homme rend par un signe extérieur *ce qui se passe au dedans de lui.*

(9) Si vous pouvez me trouver *ce dont vous m'avez parlé*, vous me ferez plaisir.

(10) *Tout ce qu'on pense*, il faut *le* penser avec son être tout entier. (주절에서 le로 다시 받고 있다)

(11) Je n'ai *rien* dit, *rien* pu trouver à dire; mais il a bien compris que je me soumettais.

ii) 부정대명사 rien, tout는 부사적 성질을 지니고 있으므로 복합시제에서는 과거분사 앞에 놓인다: J'ai *tout* oublié du grec.

(12) De toutes les images qui avait réjoui sa jeunesse, *laquelle* retrouvait-il intacte?

(13) J'ignore *qui* on élira député.

(14) Le plaisir *que* j'ai pris fut d'abord indirect.

부정법

부정법이 직접목적보어로 쓰일 때는 1) 전치사를 앞세우지 않는 경우, 2) 전치사 de를 앞세우는 경우, 3) 전치사 à를 앞세우는 경우가 있다. 이때의 de, à는 완전한 허사(signe vide)이므로 간접목적보어 앞의 전치사로 생각해서는 안 된다. 그리고 정확히 말하면, 목적보어로 쓰인 것은 부정법 동사만이 아니라 부정법 동사구 전체이다. 그러나 편의상 부정법이라고 부르는 것이다.

1) 전치사 없이 부정법을 직접 취하는 동사들 : aimer, avouer, compter, croire, déclarer, dire, espérer, oser, penser, pouvoir, désirer, entendre, préférer, prétendre, souhaiter, savoir, vouloir, *etc*.

(1) J'entrai, un soir, dans un salon oùje savais la *trouver*.

(2) En paroles indifférentes, sans avoir l'air de remarquer son trouble, elle disait *n'avoir pas revu* M. de Puyjalon depuis une dizaine d'années.

(3) Par crainte des entraînements faciles, elle souhaitait *voir* son fils se marier de bonne heure.

(4) Voulez-vous *dîner* avec moi?

(5) Il prétendit *avoir été guidé* vers elle au hasard, par un instinct.

2) 〈de+부정법〉을 직접목적보어로 취하는 동사들 : accepter, affecter, achever, cesser, craindre, demander, essayer, éviter, finir, imaginer, mériter, négliger, oublier, permettre, promettre, proposer, refuser, regretter, risquer, tenter, *etc*.

(1) Tandis que je patientais, le ciel acheva *de s'assombrir*.

(2) Incliné sur le tiroir ouvert, il évitait *de regarder* Lucienne.

(3) Et puis, sur l'invitation de l'écrivain, elle accepta *de s'asseoir* avec lui à une petite table.

(4) Il m'a permis *de sortir* le soir.

(5) Je lui ai proposé *de partirr*.

부정법이 직접목적어이면서도 de나 à를 앞세울 경우가 많은데, 이 경우의 de, à는 간접목적어의 전치사와는 다른 것이다. Elle affectait toujours *de rire*를 affecter *la mort*와 비교해 보면, de rire는 직접목적어이다. 목적어를 전치사의 유무에 의해서 직접/간접으로 구별하는 것은 목적어가 명사구일 때를 기준으로 해서 하는 것이므로 명사구 이외의 것일 때는 사정이 다른 것이다. 다시 말해서, de rire의 de는 간접목적어의 전치사가 아닌 것이다.

부정법 앞의 de가 완전한 허사임을 다음과 같은 설명에서도 알 수 있다:

(1) - Qu'est-ce qu'il risque?
- De se faire tuer.

이 예문에서 de se faire tuer는 분명히 il risque de se faire tuer의 뜻이고 의문사 Que에 대응하는 것이다. 그리고 il risque의 목적보어인 Que가 직접목적어형이라는 점에서 보면 동사 risquer는 직접타동사임이 분명하다. 따라서 de se faire tuer는 risquer 뒤에서 직접목적어의 구실을 하는 것이므로 문제의 de는 간접의 전치사가 아니라 허사로 판명되는 것이다.

이러한 〈de+부정법〉을 대명사로 받는다면 다음 예문에서 보는 바와 같이 en으로 받지 않고 le로 받게 된다.

(2) Ainsi qu'il *l'*avait promis, le Frisé vint la voir, le dimanche, après les vêpres.

여기서 Ainsi qu'il l'avait promis는 ainsi qu'il avait promis *de venir la voir*의 뜻이니까, l'(le)는 de venir la voir 대신임을 알 수 있다.

명사구와의 대체방식을 보더라도 〈de+부정법〉 전체가 명사구와 대체되어 Je lui ai promis *un cadeau*로 되지, Je lui ai promis *d'un cadeau*로는 되지 않는다.

문제의 de는 보어절(que P) 앞의 que와 같이 보문을 도입하는 보문소(complémenteur)로 간주된다. 그것은 [de+inf]가 사실은 절의 성격을 지니고 있는 것으로 판명되기 때문인데, 그 이유는 다음과 같다.

첫째, [de+inf]는 [que P]와 분포적으로 등가한다. 따라서 서로 대체가능하다.

(1) a. Il m'a promis [qu'il parte]
b. Il m'a promis [de partir]

둘째, 주어가 어휘적으로 명시되어 있지 않아도 그 존재가 이해된다. 위 (1b)의 문장에서 partir의 주어(떠나는 자)가 주절의 주어 il와 동일한 것으로 이해된다.

셋째, 이해되는 주어가 통사적 행위를 한다.

(2) J'ai décidé [de partir volontairement]

주어 지향적 부사 volontairement(자발적으로)은 반드시 주어를 요구한다. 위 예문에서 이러한 부사의 출현이 가능한 것을 볼 때, partir의 주어가 있음이 분명하다. 그리고 자발적인 것은 나의 떠남이지 나의 결정이 아니기 때문에 이 부사와 통사적으로 관련되는 주어는 partir의 주어이지 주절 동사 décider의 주어가 아니다. 자발적인 것이 나의 결정이라면 이 문장은 J'ai décidé [de partir] volontairement으로 해석될 테지만 그렇게 해석되지 않는다. 따라서 이 주어 지향적 부사의 출현과 관련지어 볼 때 통사적으로 partir의 주어가 존재함을 인정해야 한다.

따라서 주어가 없는 것이 아니라, 어휘적으로 실현되지 않았을 뿐이다. 즉 들리지 않고 보이지 않는 공범주(catégorie vide) 형태(ø)의 주어가 있는 것이다(생성문법론에서 이 공범주 주어를 PRO로 표기한다). 그러므로 [de+inf]는 절(부정형절)이고, de는 정형절(que P)의 que와 같이 보문소(부정형절 보문소)로 간주될 수 있다.

i) 직접목적어가 아닌 de+inf.는 en으로 받음은 물론이다 : (a) Je vous remercie *de m'avoir rendu service.* (b) Je vous *en* remercie(vous는 직접목적어). 그것은 de의 존재 때문이기 보다는 주동사의 성질 때문이다. 이 경우에서도 de+inf가 부정형절이고 de가 보문소인 것은 위와 같은 이유에서다. 간접의 전치사(de)는 다음의 정형절에서처럼 생략된다고 본다 : Je me réjouis *que vous soyez en bonne santé.* (Je m'en réjouis).

일반적으로 부정법을 직접목적어로 취하지 않는 동사(trouver, avoir, *etc.*)나, 부정법을 전치사 없이 직접 취하는 동사에 있어서도 부정법이 속사, 제2목적보어, 때로는 상황보어와 함께 쓰이게 되면 de를 앞세운다.

(1) Bergère l'écoutait sans mot dire en le regardant profondément et Lucien trouvait délicieux *d'être compris*. (délicieux는 직접목적어 d'être compris의 속사)
(2) Vous avez cru de votre devoir *de m'apprendre* que je ne puis pas épouser Claudet.
(3) A moins que tu n'aies des raisons très particulières de précipiter ce voyage, il me semble qu'il vaudrait mieux remettre à un autre moment *d'y songer*.

3) 〈à+부정법〉을 직접목적어로 취하는 동사들 : apprendre, chercher, demander, enseigner, montrer, offrir, préparer, servir, trouver, *etc.*

(1) Un matin de mai, une femme d'une quarantaine d'années, mi-bourgeoise, mi-paysanne, se présenta au logis Vincart et demanda *à parler* à Germaine.
(2) La femme inquiète cherchait *à se rappeler* aussi.

위의 예문들에서도 à는 허사이다. 가령 Il apprenait à dessiner.에서 à dessiner 대신에 대명사를 사용하면 il *y* apprenait로 되지 않고, il *l'*apprenait로 된다. 그러므로 à dessiner는 apprenait의 직접목적어임이 확실하다. 명사구를 사용해도 il apprenait *au dessin*이 아니고, il apprenait *le dessin*으로 된다.

보어절(que P)

(1) Ensuite il m'a dit *qu'il assisterait àl'enterrement* et je l'ai remercié.

(2) Je l'ai cherché du regard et j'ai vu *qu'il avait quitté la route et pris travers champs.* J'ai constaté aussi *que devant moi la route tournait.* J'ai compris *que Pérez qui connaissait le pays coupait au plus court pour nous rattraper.*

(3) Le courage exige *qu'une action préparée soit faite.*

(4) Je lui glissai d'ailleurs *que j'étais de religion protestante.*

(5) -Alexandre trouve peu convenable *que cette petite sorte le soir après dîner*, répondit Mme Adélaïde, les yeux baissés. (peu convenable는 절(que P)의 속사)

(6) Il avait pour principe *qu'on ne doit pas tracasser* les autres de ses tracas. (principe는 que P의 속사)

(7) On ne pouvait pas se figurer *qu'il y eût quelque part un soleil.* (se figurer qch의 구성이니까 se는 간접목적어)

(8) *Que ces deux êtres détestassent Thérèse*, il *le* savait.

(9) *Qu'il n'y ait pas loin de tels sentiments à la haine et même au fanatisme de la haine*, je *le* vois tous les jours.

i) 강조하기 위해 절을 문두에 둘 때가 있는데, 이때 절에는 접속법이 쓰이고, 주절에서는 그것을 le로 다시 받는다.

(10) Ils ne *l'*ont pas cru une minute *que nous étions mariés*.

i) 직접목적어의 절을 미리 대명사로 받는 수도 있다. 이때는 절이 그 대명사의 동격이 된다

ii) 주절에 지배되는 절에도 의문이 걸릴 때는 그 구문에 주의를 요한다.

a. Quand voulez-vous *que je parte*?

b. Que pensez-vous *que la terre deviendra sans le soleil*?

c. Par quelle raison imaginez-vous *qu'il était absent*?

간접의문절

(1) Mon père voulait savoir *si je n'avais pas forgé de toutes pièces ce roman d'amour*.

(2) Il crut que le capitaine lui demandait *s'il n'avait pas peur de continuer la reconnaissance sans escorte*.

(3) *Si c'était des Privat que venait la lettre anonyme*, Valentine *l'*ignorait.

i) 강조하기 위해 si-절을 문두에 둘 수 있는데, 주절에서는 이것을 le 로 다시 받는다.

(4) Il est peut-être trop nouvellement arrivé à Paris pour savoir *qui on désigne ainsi*.

(5) Je ne sais, dit-elle, *qui s'occupe de nous.*

(6) Je ne saurais vous dire *ce qui me sauva.*

(7) On ne sait pas, on ne sais jamais *ce qu'il faut faire pour être heureux.*

(8) Je me retrouvai dans le parc sans comprendre ni *pourquoi ni comment j'y étais venu.*

(9) Dites-moi *quand vous partirez.*

(10) Il paraît qu'il a été riche un moment là-bas, mais *voyez où il en est réduit maintenant.*

부정법절

부정법절은 부정법 동사가 의미상의 주어를 명시적으로 두고 있는 절이다. 이러한 부정법절을 직접목적어으로 취할 수 있는 동사는 사역동사(faire), 방임동사(laisser), 지각동사 등 몇몇 특수동사들이다.

1) faire, laisser 다음에서:

(1) Cette simple parole *la* fit *se redresser.*

(2) Je ferai *renoncer cet homme* à ses prétentions.

(3) Parfois elle laissait *échapper un mot, une phrase* qui montrait une profonde amertume.

위 예문 (1)에서 la는 의미상으로 se redresser의 주어인 동시에 통사적으로 fit의 직접목적어 기능을 하고 있다. 그래서 이런 la를 objet-sujet라고 부르는 수가 있다. (2)에서의 cet homme, (3)에서의

un mot, une phrase도 그러하다.

다음에 보는 바와 같이, 부정법이 직접목적어를 가지고 있으면 부정법의 의미상의 주어는 간접목적보어형으로 된다. 주어가 명사면 그 앞에 à또는 par를 둔다.

(1) On *leur* faisait *apprendre* par cœur les œuvres des poètes nationaux.

(2) Enfin, elle laissa *deviner à Mme Pennington* bouleversée et ravie, la cause de son anxiété.

(3) Quand Honorine, qui avait le papier en mains, se l'eut fait *lire par Gabrielle*, elle prononça simplement : - Non!

i) laisser는 부정법 앞에 그 주어를 오게 할 수 있으나(Je laisse *ma sœur* danser une valse), faire의 경우에서는 그것이 불가능하여 Je fais danser une valse *à(par) ma soeur*로 된다.

2) 지각동사(entendre, regarder, apercevoir, sentir, voir, écouter, ouïr 등의 동사) 다음에서:

(1) On entendit *la porte se fermer* derrière lui et *ses pas s'éloigner* dans le jardin.

(2) -Je t'amène un ami, dit-elle; et je vois *entrer* derrière elle *un petit Arabe* au teint brun.

(3) Assise dans l'ombre, Noémi ne prononçait aucune parole, écoutait *le bruit des roues décroître*.

(4) Il oublia Marie et n'en ouït plus *parler* jusqu'à ce soir.

(5) Elle avait senti *germer* en soi à l'égard du jeune homme non pas peut-être *l'amour* ardent et passionné que rêvent les jeunes filles, mais *un sentiment* très particulier de confiance et de respect.

i) voici도 부정법절을 지배할 수 있다. 그것은 voici가 voir의 명령형에서 유래된 것이기 때문이다: Voici venir le jour. Le voici venir.

위의 예문들에서처럼 부정법이 자동사 또는 자동사적 대명동사이면 그 주어는 부정법 앞에도 뒤에도 놓일 수 있다. 그러나 다음과 같이 부정법이 직접목적어를 가지고 있으면 그 주어는 부정법 앞에 놓인다

(1) J'ai vu *ces enfants dessiner* un bateau.
(2) Parfois, on voyait *une fille* ébouriffée, et les yeux lourds de sommeil, *soulever* un peu les rideaux blancs de sa fenêtre au passage d'une voiture.

부정법의 주어가 부정법 뒤에 놓일 수도 있는데, 이때 à 또는 par를 앞세운다. 특히 부정법의 직접목적어가 관계대명사일 때는 반드시 그러하다.

(1) J'ai vu *planter* des choux *par ces jardiniers.*
(2) N'ayant jamais reçu d'autres leçons, à une légère différence près, je croyais imiter assez exactement ce que j'avais vu *faire à mon père.*

(3) J'ai fait boire les jardiniers *à qui* j'ai vu *tailler* des arbres.

(4) Mais j'ai entendu *dire à Albert* que le cancer ne s'inoculait pas.

i) 부정법의 주어가 대명사이면 그것은 다음 예문에서와 같이 주동사 앞에 고정된다.

a. Quand je *l'*ai vu entrer, j'ai cru qu'il était Anglais.

b. Je *lui* ai entendu dire que le cancer ne s'inoculait pas. 또는 Je *l'*ai entendu dire que... 이때 dire의 직접목적어마저 대명사로 되면 je *l'*ai entendu *le* dire, 또는 je *le lui* ai entendu dire로 된다.

3) dire, savoir, avouer, assurer, croire, juger, imaginer, prétendre, souhaiter, annoncer, comprendre, démontrer, espérer, penser, nier, *etc.* 다음에서:

이들 동사가 부정법절을 지배하는 것은 오직 부정법의 주어가 관계대명사 que(간혹 lequel)일 경우에 한하며, 부정법은 대개 자동사거나 수동태거나 하다.

(1) Je m'intéressais surtout à *Victor que* je savais *habiter* près de nous. (habiter의 주어는 que(즉 Victor)인데, savais의 직접목적어인 것처럼 되어 있다)

(2) Nous devons démentir *les vols qu'*on annonce *avoir été faits au général.*

(3) Il se contenta de séparer les deux amants, sans, pour cela,

montrer une de *ces fureurs qu'*on nous a dit lui être familières.

i) 위의 예문에서도 que는 être의 주어이면서 동시에 a dit의 직접목적어인 것처럼 되어있다. 이런 경우에서 과거분사 dit는 성·수의 변화를 하지 않는다. 말하자면, ces fureurs qu'on nous a *dites* lui être familières로는 되지 않는다.

(4) Même auprès de ceux *que* je croyais *pouvoir être mêlés* à mon existence et que je regardais avec sympathie, je n'ai jamais ressenti qu'un trouble passager.

2) 간접목적보어

간접목적보어를 취할 때, 1) 전치사 à를 요구하는 동사: aspirer, consentir, échapper, nuire, obéir, penser, plaire, prétendre, renoncer, résister, ressembler, songer, succéder, survivre, *etc*. 2) de를 요구하는 동사: douter, hésiter, rêver, jouir, profiter, souffrir, témoigner, triompher, *etc*. 3) pour를 요구하는 동사: compter, veiller, *etc*. 4) 기타: croire en, à; soupirer après, à, pour, de(+inf.) 등이 있다.

간접목적보어로 쓰일 수 있는 범주들은 직접목적보어와 마찬가지로 명사구, 대명사, 부정법, 절 등이다.

명사구

(1) Il pensait encore *à trois années* d'école professionnelle.

(2) Et, cette fois, les yeux levés sur lui exprimèrent une stupeur si grand qu'il ne put douter davantage *de leur pureté parfaite*.

(3) Je m'approchai *de la fenêtre.*

(4) Le sanglier, tout mort qu'il était, faisait peur *aux plus jeunes.*

i) 위의 예문에서처럼 대명동사나 동사숙어(locution verbale)에 따르는 목적보어는 대개 간접목적보어로 간주된다.

(5) A *cette restauration*, j'*y* crois fermement.

대명사

인칭대명사일 경우 : 1) 동사 앞에서는 평세형이 쓰이고, 동사 뒤에서는 〈전치사 + 강세형〉이 쓰인다. 2) 그러나 긍정명령문의 동사 뒤에서는 직접목적어가 3인칭(le, la, les)이면 간접목적어는 평세형이 쓰이는데, me, te만은 강세형 moi, toi로 된다(Donnez-le-lui, Présentez-la-moi). 3) 직접목적어가 1인칭 또는 2인칭 대명사이면 간접목적어는 〈à + 강세형〉이 되어 동사 뒤에 놓인다(Il me présente à elle. Présentez-moi à elle).

(1) Lorsqu'il mourut, ce fut son frère qui *lui* succéda.

(2) Veuillez me présenter *à lui.*

(3) Redis-le-*moi*, car il *me* plaît.

(4) Et nous nous tûmes; mais je pensais encore *à toi*..

i) 위 예문에서 mais je *te* pensais encore로는 되지 않는다. 즉 à를 요구하는 간접타동사나 동사숙어 중에서 penser, rêver, recourir, renoncer, tenir, faire appel, avoir affaire 등은 간접목적 인칭대명사를 앞에 둘 수 없다 :

On a renoncé *à eux*.(on leur a renoncé는 불가. Cela ne tient pas *à vous*. J'ai affaire *à lui*.

(5) Je m'*en* doute bien. (그럴 줄 알았어)

(6) Le jour venu, cette cérémonie lui parut un peu ridicule et il *y* renonça.

(7) Adressez-vous *à ceux* qui ont l'air doux.

(8) Les auteurs *dont* je parle ont pris leur départ à des dates différentes.

(9) Et, en même temps, Laure évaluait sa solitude : elle n'avait nul appui *sur quoi* compter, nul soutien, nul espoir.

(10) -*A quoi* pensez-vous? -Je vous écoute.

부정법

(1) Je doute *d'avoir dit cela*. (대명사로 받으면 J'en doute)

(2) Il m'a supplié *de lui* écrire. (il m'*en* a supplié.)

(3) Il éprouvait des remords si affreux qu'il songeait *à se tuer*. (qu'il *y* songeait)

(4) Elle avait renoncé *à chanter*. (elle *y* avait renoncé.)

보어절(que P)

(1) Tu ferais mieux de profiter *qu'elle est chaude* pour te laver. (elle = de l'eau.)

(2) Il consent *que je vienne ici, que je te soigne, que je t'aide*,

mais il refuse absolument la vie commune.

위의 첫째 예문에서 profiter는 명사구를 목적보어로 취할 때 profiter de qch로 되므로 qu'elle est chaude는 비록 전치사 없이 쓰여 있기는 하지만 사실은 간접목적어인 것이다. 이런 경우에 de를 사용해서 간접구성이 되게 할 수도 있는데, 이때는 ce를 que 앞에 두어 profiter de ce qu'elle est chaude로 해야 된다. 둘째 예문은 consentir가 consentir à qch의 구성이므로 il consent à ce que je vienne의 간략형이다.

(3) Maniel profita *de ce que la bavarde reprenait haleine pour lui demander* si l'hiver elle habitait Paris.

(4) Ils renoncèrent *àce qu'il prît aucune carrière.*

(5) Il m'a remercié *de ce que je lui avais procuréla faveur de M. de Marquis*. (remercier qn de qch)

(6) Je m'attendais *àce que mes fautes fussent découvertes.*

i) 다음 문장에서 àce que P의 que는 접속사가 아니고, 관계대명사임에 유의할 것.

Il pensait souvent à *ce que* son père lui avait dit, lorsque'ils s'étaient vus pour la dernière fois.

ii) à ce que P, de ce que P가 상황보어일 경우에는 간략형이 사용될 수 없다.

a. Dans le temps où le mal vient *de ce que les hommes se méconnaissent et se détestent...*

b. Vois-tu un inconvénient *à ce que je l'invite à passer quelques jours ici*?

간접목적어로 쓰이는 보어절이 문두에 나오면, 주절에서는 그것을 지배하는 동사의 성질에 따라 en, y로 받는다.

(1) Qu'elle fût la maîtresse de son beau-fils, le beau-père n'*en* doutait pas.
(2) Qu'elle fût ainsi avec l'assassin de mon père, les os me brûlaient rien que d'*y* penser.

i) 간접목적 보어절을 미리 대명사로 받고, 보어절은 뒤에 둘 수도 있다.
Je m'en doutais, *que vous allez protester.*

보어절이 다른 범주의 요소와 등위접속 될 수 있다. 다음 예문들에서 보면, 보어절이 명사구나 부정법과 등위접속 되어 한 동사의 목적보어로 사용되고 있다. 이러한 등위접속은 두 요소가 범주는 다르지만 통사적 기능이 동일하기 때문에 가능한 것이다.

(1) Il croyait *à la moralité de la victoire et que le vaincu est toujours méprisable.* (명사구－절)
(2) Faisons *une fable de cette vue primitive* et *que notre œuvre soit une simple copie du réel.* (명사구－절)
(3) Pourquoi aurais-je redouté *d'être élégante*, et *que Camille le remarquât*! (부정법－절)

i) 두 개의 동사가 공동의 목적보어를 지배할 경우에는 그 보어는 동일한 통사적 기능의 것이라야 한다. 그래서 Cet enfant aime et obéit à *ses* *parents*은 불가능하고, Cet enfant aime *ses parents* et *leu* obéit로 되어야 한다. 그런데 다음 예문에서는 보어절(que P)이 savait에 대해서는 직접목적으로, se rendait compte에 대해서는 간접목적으로 쓰여 있는데(se rendre compte de), 이것은 색다른 예외라 하겠다.

Marceline, habituée elle-même à ne pas beaucoup se nourrir, ne savait pas, ne se rendait pas compte *que je ne mangeais pas assez.*

간접의문절

(1) Je doute *si elle viendra.*

(2) C'est comme si vous me demandiez si je me souviens *de comment je m'appelle.*

(3) Informez-vous *s'il est arrivé.*

(4) *A quel point notre mariage était disproportionné*, je n'*en* avais jamais eu conscience jusqu'à cette minute.

3) 제2목적보어

타동사 중에는 직접목적어 하나만으로는 완전한 술어를 구성하지 못하여 간접목적어를 하나 더 취하게 되는 성질의 것이 있다. 이런 경우의 간접목적어를 제2목적보어라고도 하는데, 이것은 직접목적어를 제1목적보어로 보고 하는 말이다.

이렇게 두 가지 목적보어를 동시에 취하는 타동사를 그 구성방법에 따라 분류해 보면 다음과 같다.

1) accorder, annoncer, confier, conseiller, défendre, demander, dire, donner, enseigner, laisser, montrer, ordonner, permettre,

promettre, proposer, refuser, souhaiter, vouloir, *etc.*

(1) Tu *me* demandes *à moi* ce que je ferais à ta place?
(à moi는 me를 강조하기 위해 되풀이한 것).

(2) Je voulus voir l'homme *auquel* Marthe avait accordé sa main.

(3) Je *lui* voudrais parfois un peu d'hésitation et de douceur, mais on sent qu'il sait tant de choses.

(4) *Me* permettez-vous quelques questions?

2) acheter, arracher, cacher, dérober, emprunter, ôter, enlever, prendre, voler, *etc.*

(1) L'effroyable malheur qui s'est abattu sur eux a été le révulsif tout-puissant qui arrache le malade *à la fièvre mortelle.*

(2) Moi, je *leur* prends six francs à l'heure pour mes leçons de sciences.

3) appliquer, autoriser, décider, déterminer, exciter, encourager, exhorter, forcer, obliger, habituer, *etc.*

(1) Qu'est-ce qui vous a déterminé *à partir*?

(2) L'intérêt général nous oblige *à faire litière de certaines conventions.* (obliger나 forcer가 수동태이면 부정법 앞에 de가 요구된다: Il a été obligé d'entrer au pensionnat)

(3) On l'a excité *la révolte.*

i) 이 부류의 동사들은 직접목적어가 주어 자신이면 대명동사로 된다.

s'habituer à 「…에 익숙해지다」, se décider à 「…할 것을 결심하다」, *etc.*

4) accuser, approcher, avertir, empêcher, entretenir, excuser, dispenser, féliciter, informer, plaindre, prévenir, prier, remercier, supplier, *etc.*

(1) Je l'ai avertie *de mon prochain départ.*

(2) Qu'est-ce qui vous a empêché *de venir*?

(3) La pluie commençait à tomber sur la ville que l'absence de soleil privait *d'âme.*

(4) Elle m'a entretenu *des affaires de sa famille.*

ii) 직접목적이 주어자신일 때는 대명동사가 되어서 간접목적어를 취한다. s'empêcher de 「…을 하지 않는다」, s'informer de 「…을 문의하다」, s'approcher de 「…에 가까이 가다」, se charger de 「…의 일을 떠맡다」, *etc.*

동사에 따라서는 제2목적어와 직접목적어가 모두 사물이거나 모두 사람일 때도 있으며, 뜻에 따라 구성법이 달라지는 것도 있다.

(1) J'ai ajouté quelques phrases *à son discours.*

(2) Il a fait un médecin *de son fils.*

(3) Il *m*'a demandé de lui prêter ma voiture.

(4) Il *m*'a demandé à être déchargé de cette tâche.

제2목적보어에서 급여(給與)개념이 확대되어 행위의 이해(利害)관계를 나타내게 되는 경우가 있는데, 이런 경우의 제2목적보어를 **이해보어**(complément d'intérêt)라고 한다. 인칭대명사의 간접목적형이 이해보어로 사용된다.

(1) Faites-*moi* chercher Robineau.
'로비노'를 찾아 주세요.

(2) Pends-*moi* ce crayon à une ficelle. Et accrochez-*moi* cette ficelle à cette boutonnière-ci.
이 연필을 끈에 매달아 주게. 그리고 그 끈을 이 단추 구멍에 걸어 주게.

때로는 이해관계가 희박해지고 다만 상대방의 관심을 끌기 위해서 사용되는 제2목적보어가 있는데, 이 경우의 보어를 **심성적 여격보어**(datif éthique)라고 한다. 1인칭 여격보어의 사용은 화자와 사행(procès)의 행위자(actant)간에 어떤 친근 관계가 있음을 전제하고, 2인칭 여격보어의 사용은 상대방을 허구적 증인의 자격으로 문장 속에 통합시키는 언술방식이다. 이 보어는 사행에서 아무런 역할도 하지 않기 때문에 그것을 삭제해도 문장의 내용에는 아무런 변화도 일어나지 않는다.

(1) Voyez-*moi* ce gaillard!
저 녀석을 좀 보세요! (화자와 ce gaillard 간에 어떤 친근관계가 있음)

(2) Ses joues rougissent, mais son petit nez éventé *vous* a un air fripon.
그의 뺨은 붉어지고 있지만, 그의 얼빠진 작은 코는 사기꾼 꼴을 하고 있다.

(3) Ce maudit gamin m'avait fait un pied de nez; je cours après

lui, je *te* l'attrape, je *te* le gifle d'importance.

그 나쁜 녀석이 코에 손가락을 대고 나를 조롱했어. 그래서 나는 그 놈을 뒤쫓아가서 붙잡아 뺨을 호되게 갈겨주었지.

(4) Les prix *te* montent à une allure folle depuis deux ans.

이러한 문장들은 구어에서 사용되는 것으로서 구경거리나 이야깃거리가 될 만한 사실을 나타내는 강조문의 일종이다.

5.2. 동작주보어

능동태의 문장에서 주어가 되는 요소를 수동태의 문장에서는 동작주(agent)라고 하는데, 수동문에서 이것은 전치사 de 또는 par를 앞세워 동사의 보어 구실을 한다. 이러한 보어를 **동작주보어**(complément d'agent)라고 부른다.

(1) Il serait fort peu significatif d'écrire qu'Albert Camus est hanté*par l'idée de la mort.*

(2) Nette fixait sa mère de ses grands yeux verts. Et soudain l'écrivain fut saisi *de leur suplication désespérée.*

두 전치사 de, par의 사용의 구별에는 뚜렷한 기준이 없는 것 같으나, 대개 다음과 같은 구별이 인정된다.

1) 동사가 그 본래의 뜻이 약해져서 행위의 결과인 상태나 지속을 나타낼 때, 또는 비유적인 뜻일 때는 de가 사용된다.

(1) Mazarin était fort détesté *des Parisiens.*

(2) Il était accablé *de honte.*

i) de를 앞세울 경우 동작주보어가 대명사이면 en, dont이 쓰인다.

a. S'il aimait d'amour une de deux femmes, il n'*en* était certainement pas aimé.

b. Celle qu'il aimait et *dont* il était aimé.

2) 동사가 일시적 행위를 나타내거나 그 행위 자체가 강조될 때, 또는 형식면에서 동작주보어가 한정되어 있을 때는 par가 쓰인다.

(1) La lettre a été mise à la poste *par Pierre.*

(2) Il sera châtié *par son père.* (동작주가 관계대명사면 son père par qui il sera châtié처럼 된다).

(3) Il était accablé par la charge.

(4) La place était encombrée *par les curieux* du voisinage.

동작주보어는 그것이 일반적인 것일 경우, 또는 문장의 뜻에 애매함이 없을 경우에는 생략되기도 한다.

(1) Le lin *est travaillé* dans le nord ainsi que le chanvre et le jute.

(2) Jean *a été appelé* à Nice avant-hier, pour un accouchement.

6. 목적보어의 속사

직접목적보어의 성질·상태 등 그 속성을 나타내는 일종의 보어를 목적보어의 속사(attribut du complément d'objet)라고 한다.

(1) Il crut son cœur *brisé* à jamais et voulut mettre la chose en vers.

(2) Nous appelons *dangereux* ceux qui ont l'esprit fait autrement que le nôtre et *immoraux* ceux qui n'ont point notre morale.

(1)에서 crut의 직접목적어인 son cœur와 brisé 간에는 비록 연계사가 나타나 있지는 않지만, 주술관계(prédication)가 성립하므로(즉 il crut que son cœur était brisé라는 구조적 관계가 성립하므로), brisé는 직접목적어 son cœur의 속사인 것이다. 이처럼 직접목적어와 속사의 관계는 결국 「주어-속사」의 관계로 해석될 수 있는 성질의 것이다.

(2)에서도 마찬가지인데, 속사 dangereux, immoraux가 직접목적어 ceux qui... 앞에 나와 있는 것은 직접목적어가 길기 때문이라는 수사적인 이유에서이지만, 다음과 같이 직접목적어가 부정법(de+inf) 이거나 절(que P)일 때에는 반드시 속사가 앞에 온다.

(3) J'ai jugé *prudent* de ne pas révéler mes projets.

(4) J'ai cru *utile*, pour divers raisons, que le monde fût informé aussitôt que possible des mérites de son Excellence.

(5) Il regardait comme *une insulte* qu'on continuât à lui parler

de quelque autre.

i) 직접목적어-속사의 관계가 주술관계로 해석되는 것은 주동사의 의미가 그런 관계를 선택하기 때문이다. 위 예문에서 동사 croire의 의미가 '믿다', '생각하다'이고 이것의 목적어는 믿음이나 생각의 내용에 해당하는 의미적 범주(명제)가 되어야 하므로 son cœur와 brisé의 관계는 주술관계로 해석되는 것이다. 그렇기 때문에 이런 구문을 형성할 수 있는 동사는 제한되어 있다.

ii) 직접목적보어와 속사간의 관계가 이렇게 주술관계이고 명제(proposition)로 해석되기 때문에 이 두 요소의 결합체를 축소된 절(proposition réduite)로 간주하여 소절(petite proposition, small clause)이라고 부른다.

6.1. 속사의 구성

속사 앞에 de, en, pour, comme와 같은 것이 놓여서 간접으로 구성되는 경우와 아무런 중간어도 없이 직접으로 구성되는 경우가 있다. 어떤 중간어가 놓여질 것인가 하는 것은 직접목적보어와 그 속사를 주도하는 주동사의 성질에 달려있다.

(1) 직접구성

Il trouve *rude* la vie du collège.

Chacun de nous se croit *le centre de l'univers.*

Son regard qu'il rencontrait *net* et *calme.*

(2) 간접구성

Il avait désigné mon frère *pour son successeur.*

Je regarde *comme un honneur* de vous servir.

6.2. 속사의 범주

속사로 쓰일 수 있는 범주는 형용사, 명사 및 이에 대등한 구실을 하게 되는 여러 가지 범주들이다.

(1) Je le crois *probe* et *sincère*.

(2) La fille pense sa faute *pardonnée*.

(3) Comme il vit la carriole *s'éloignant*, il poussa un gros soupir.

(4) Aujourd'hui, le soleil débordant qui faisait tressaillir le paysage le rendait *inhumain* et *déprimant*. (le = le pays)

(5) En la voyant peindre, tête nue, les pieds dans la rosée, une blouse d'atelier passée sur sa robe grise, ils la croyaient, comme eux, *de condition modeste* et obligée de besogner pour gagner le pain quotidien.

(6) La blancheur de ses cheveux légers faisait plus *jeunes* encore ce sourire et tout son visage.

(7) Qu'allez-vous faire de votre fils? -Je vais faire mon fils *avocat*.

(8) L'homme qui l'avait reçue *vierge* dans ses bras était incapable de ce meurtre.

(9) Je la trouve *mieux*, plus fine, plus noble que son ainée.

(10) Je me sentais alerte, *le cœur léger*.

위의 예문 (10)에서 le cœur léger는 범주상으로는 명사구이고 의미상으로는 양태의 부사구이나, 기능상으로는 형용사 alerte와 동일한 자격에서 직접목적어 me의 속사 기능을 하고 있다. 다음 구문에서도 마찬가지다.

(11) Mais, levant son regard sur sa mère, il l'aperçut, *les yeux pleins de larmes.*

(12) Ma tante qui me voyait toujours *un livre entre les mains* me félicitait d'être aussi studieux, mais ne songeait jamais à me demander ce que je lisais.

목적보어의 속사 구실을 하는 절은 대개 관계절이다.

(13) Ah! j'ai le cœur *qui défaille.*

(14) Jacques l'entendit *qui sifflait un refrain à la mode.*

i) 위의 예문에서 qui sifflait...를 Je la vois moins attentive 「나는 그녀를 주의 깊지 못하다고 보고 있다」에서의 attentive의 기능과 비교해 보면, 그것이 l'의 속사임을 알 수 있다.

(15) Il trouva Catheline et Zacharie attablées, *qui achevaient leur repas.*

(16) Lorsqu'il revint sur terre, il vit l'homme debout devant le piano, *qui le regardait.*

i) 위의 두 예문에서 관계절은 그 앞의 요소 attablées/debout와 동일한 자격에서 병치되어 속사 구실을 하고 있다. 그래서 이와 같은 구문에서는 관계절 앞에 등위접속사 et가 놓이기도 한다: Je la vis debout près de la fenêtre et *qui pleurait*.

6.3. 동 사

목적보어의 속사 구문을 이루는 동사는 다음과 같다.

(1) A mesure qu'il avance, le vent levé *fait* la forêt chanteuse.

(2) L'absence de contacts, de coudoiements et de heurts *a rendu* très sensible et délicat son épiderme, son épiderme moral.

(3) Les radicaux le *qualifièrent d'* opportuniste.

(4) C'était une idée qui avait glissédans les régions profondes de sa conscience, elle l'y *avait tenue* soigneusement enfermée.

(5) Résolu à peindre sa tristesse, il la *voulait* désespérée.

(6) Je te *proclame* reine des fleurs.

(7) Le duel de la guêpe contre le grillon qu'elle *a choisi comme* proie.

(8) J'*avais cru* l'averse passagère.

(9) Je te *sais* une brave fille.

(10) S'occupant exclusivement de leurs études, ils *tiennent* tout le reste *pour* inutile.

(11) Mais au léger tremblement de ses mains dans les siennes, il la *sentit* très émue.

(12) Elle me *traitait d'* enfant, selon son habitude.

(13) Des champs de genêts et d'ajoncs resplendissent de leurs fleurs qu'on *prendrait pour* des papillons d'or.

(직접목적어는 관계대명사 qu', 즉 fleurs).

(14) Il sourit, démasquant des dents que je n'*avais* jamais *remarquées* si jaunes.

(15) Puis, *voyant* inutiles leurs exhortations, elles le quittaient, d'un mouvement brusque et mécontent.

(16) Ça me fend le cœur, de *voir* cette bonne terre qui se gâte.

(qui se gâte는 terre의 속사. se gâter로 대신할 수 있다).

(17) Ce livre est une introduction à la lecture des Essais. Il *a pour* objet d'initier ses lecteurs au mouvement et à la couleur de la pensée de Montaigne.

(18) Ce parti pris de ne pas écrire *a eu pour* conséquence que rien n'est connu de l'histoire ancienne des peuples de langue indo-européenne.

(19) *Pour* arme et sûreté, elle *a* de ne réserver rien, d'arriver seule à toi sans protection, de t'aimer, de s'abandonner.

(<pour＋속사>가 문두에 놓인 것은 강조하기 위해서이다.)

(20) Est-ce à dire que la stylistique *ait comme* but dernier d'étudier les styles littéraires?

(avoir의 구문에서는 전치사 pour 대신에 comme가 쓰이기도 한다).

(21) Le prince salua des épaules. Il les *avait* hautes, larges et mornes. (avoir의 구문에서 속사의 범주가 명사가 아닐 때는 pour나 comme없이 쓰인다).

(22) Cette pauvre femme *a* un fils tué à la guerre.

(23) Elle avait très *vif* le sens des réalités.

(24) J'*avais* la langue qui me démangeait de raconter ça au curé. (qui⋯ 이하의 관계절이 직접목적어의 속사).

(25) A peine présentée, Gladys me dit avec un léger accent anglais et du bout de ses dents qu'elle *a* charmantes.

6.4. 속사와 부가사

간혹 속사(attribut)와 부가사(épithète)의 구별이 분명하지 않을 때가 있다. 예컨대 Je veux la robe *rouge*에서의 rouge가 그러하다. 이 때의 rouge를 속사로 보면 Je veux que la robe soit rouge 「나는 그 옷이 붉은 색깔이기를 원한다」가 되고, 부가사로 본다면 Je veux la robe qui est rouge 「나는 붉은 옷을 원한다」가 된다. 이러한 분간은 문의에 따라 판별될 수밖에 없다. 속사일 때는 rouge 앞에 가벼운 휴식을 두고 읽는다.

i) 그런데 Je veux rouge la robe, Je la veux rouge, 또는 La robe que je veux rouge와 같은 구문일 때는 rouge는 속사로만 해석 된다. 그리고 직접목적보어 앞에 부정관사가 붙어서 une robe이면 rogue는 부가사이다.

또한 Ce front bas montre son intelligence *médiocre*에서도 médiocre가 속사이면 「저 낮은 이마가 그의 지능을 빈약해 보이도록 한다」는 뜻이 되고, 부가사이면 「저 낮은 이마가 그의 우둔함을 드러내 보인다」는 뜻이 된다.

J'ai trouvé mon ami *absent*에서 속사 absent은 문장의 뜻에 비추어 볼 때 부가사일 수가 없다.

7. 상황보어

동사의 사행(동작이나 상태)에 따르는 여러 가지 부수적 상황(시간, 장소, 수단, 방법 등)을 나타내는 보어를 **상황보어**(complément circonstanciel)라고 한다. 상황보어는 사행 자체의 전개에는 영향을 끼치지 않는다. 예를 들어, 다음 예문에서 보는 바와 같이, 주는 행위(donner)는 주는 자(주어), 주는 물건(직접목적어), 그리고 받는 자(간접목적어)로 정의되므로 그 행위를 둘러싼 상황으로부터는 독립적인 것이다.

(1) Pierre a donné un paquet à Marie (ce matin, à l'école, pour son anniversaire, avec un joli ruban, en secret, avec une émotion visible, etc)

동사와의 관계에서 필수적인 상황보어와 수의적인 상황보어가 있다. 전자는 동사의 보어로 간주하고, 수의적인 것만 상황보어로 본다.

(1) Elle mit ses coudes *sur la table.*

(2) *Puis, avec précaution*, il rabattit le morceau de toile, et nous partîmes *tous les deux à pas de loup.*

(1)에서 sur la table는 장소(lieu)를 나타내는 보어로서 동사 mit의 의미적 특성에 의해 필수적으로 선택되는 것이다. (2)에서 puis는 시간(temps)을, avec précaution은 방법(moyen)을 표시해서 동

사 rabattit에 걸리는 수의적 상황보어이며, tous les deux는 동반(accompagnement)을, à pas de loup는 양태(manière)를 표시해서 partîmes를 수식하는 수의적 상황보어이다. 따라서 (1)의 sur la table는 동사의 보어(간접보어)이고, (2)의 요소들만 상황보어로 본다.

i) 동사의 상황보어는 동사 뒤에 오는 것이 보통이지만, 문장의 균형, 강조 등 수사상의 이유로 그 위치가 일정하지 않다. 상황보어가 문두에 오면 술어동사와 주어가 도치되는 수가 많다 : *Sur son cou délicat* retombaient ses cheveux noués.

ii) 부사가 문두에 와서 문장 전체에 걸릴 때는 그 뒤에 오는 문장 앞에 que를 두기도 한다 : *Heureusement qu*'il y a les saints!

상황보어의 범주로는 부사(구), 전치사구, 명사(구), 대명사, 동격 형용사나 분사, 제롱디프, 상황절 등이다.

상황보어의 분류에는 여러 가지 방법이 있을 수 있다. 그리고 상황보어임에는 틀림없으나 어떤 부류의 것인지 분간하기 어려울 때도 있다. 그렇지만 상황보어는 대개 그 의미에 따라 다음과 같이 분류된다 : 장소, 시간, 양태, 원인, 수단, 목적, 결과, 양보, 조건, 정도, 가격, 동반, 화제 등.

1) 장소(lieu)

(1) Il habite *dans cette maison.*

(2) Le grand silence du temps de neige règne *au loin.*

(3) Un moteur grondit *quelque part.*

(4) Au retour du culte matinal, chacun rentra *dans sa solitude.*

2) 시간(temps)

(1) Il viendra *dans quelques heures.*

(2) Il vint *de grand matin* avec son apprenti.

(3) *Au début*, je ne l'ai pas pris au sérieux

(4) *Les deux jours que j'attendais la dépêche*, je ne sortis pas.

(que는 관계사 où의 대용).

(5) *Dès mon arrivée*, je vous préviendrai.

(6) *Dès que j'ai entendu prononcer son nom*, je l'ai regardé attentivement.

(7) *Après avoir marchélongtemps*, elle s'arrêta enfin devant une petite maison.

(8) *Le bruit de son arrivée s'étant aussitôt répandu*, ses anciens compagnons de débauche vinrent en foule lui rendre visite.

(9) Elle se demandait *tout en marchant*: -Que vais-je dire?

(10) *Revenus chez eux*, ils oublièrent toutes les difficultés du voyage.

(11) *Vivant*, on le comptait pour rien, *mort*, on parlait de lui sans cesse.

(vivant과 mort는 각각 직접목적 le와 간접목적 lui의 동격분사로 쓰인 것).

(12) *Les pluies de février passées*, la chaleur éclata trop forte.

quand P, lorsque P, comme P, tandis que P, alors que P, pendant que P, avant que P(+*subj.*), jusqu'à ce que P(+*subj.*), aussitôt que P, depuis que P, chaque fois que P 등도 시간을 나타내는 상황보어이다.

(1) *Quand elle arriva à l'extrémité de la digue*, il faisait nuit.

(2) *Avant que je ne parte*, dites-moi bien que vous ne m'en voulez pas.

(3) Je lui ai écrit *chaque fois que j'ai eu des occasions.*

(4) Il s'est mis à pleuvoir *comme nous partions.*

또한 à peine...que P, ne...pas...que P, ne...pas plus tôt que P와 같은 구문에서의 que는 lorsque의 간략형이므로 que P가 시간 상황절(prop. temporelle)이 된다.

(1) A peine le soleil était-il levé, *qu'on aperçut l'ennemi.*

(2) La femme n'eut pas plus tôt entendu la phrase du père Carbonnet *qu'elle se dirigea vers la maison du philosophe.*

(3) Mais il *n*'avait *pas* fait dix pas *qu'il disparaissait dans une brusque explosion.*

이러한 que로 연결된 두 개의 절이 긍정일 때는 déjà나 encore가 반드시 그 어느 쪽에 있다.

(1) La prière était finie que le nouveau tenait *encore* sa casquette sur deux genoux.

(2) Il criait *encore* que j'avais *déjà* fermé la fenêtre.

3) 양태(manière)

(1) Elle conduit sa voiture *avec prudence.*

(2) Il nous dit si *tristement* qu'il me fit pitié.

(3) Elle partit *à pas pressés.*

(4) Ma nièce tricotait lentement, *d'un air très appliqué.*

(5) Gabrielle, qui s'était absentée, revint *avec un petit paquet à la main.*

(6) "A quoi pensez-vous?" me dit-elle sans cesse *en essayant de sourire gentiment.*

(7) Alors le Normand, *radieux d'une joie muette, se releva.*

(8) Une fillette d'un blond roux nous regardait, *levant son visage semé de taches roses.*

(9) Il hésitait, gêné, *la main sur la poitrine.*

위 문장에서의 la main sur la poitrine처럼 전치사를 앞세우지 않고 명사구가 그대로 양태를 표시하는 상황보어로 쓰이는 수가 있다: la tête haute 「머리를 높이 들고」, les yeux baissés 「눈을 아래로 숙이고」, le sac au dos 「자루를 등에 지고」, *etc.* 이런 어귀는 대개 신체의 부분을 가리키는 명사에 형용사 또는 분사나 관계절이 덧붙여져서 되는 것이 보통이다.

(1) Ces pauvres gens, instruits à l'obéissance par leurs antiques oppresseurs et par leurs libérateurs du jour, s'en furent, *la tête basse* et traînant la jambe.

(2) Je suis bien tranquille, je partirais *les yeux fermés.*

(3) Ils dégringolaient à pic d'un névé, les bras jetés, *les mains qui tâtent.*

4) 원인(cause)

(1) L'odeur de la mer s'atténuait *du parfum résineux des pins et de l'arome des foins coupés.*

(2) Je crains que, *faute d'éducation,* les jeunes filles d'aujourd'hui ne sachent pas aimer.

(3) Après l'*immoraliste*, Gide, *découragé*, ne veut plus écrire.

(4) Mon père, *trop vieux*, ne peut plus travailler.

(5) De longue date, il était réputé *pour l'originalité de son humeur* et *pour les productions de sa plume.*

(6) Il *en* maigrissait à vue d'œil.

(7) Vous auriez cent mille francs de rente, *en* seriez-vous plus heureux?

(8) *A lui voir une si pitoyable mine*, elle avait envie de rire.

(9) Henri, *qui connaissait l'endroit*, *pour être à Cordoue depuis plusieurs jours*, avait repousséles guides officieux.

i) pour+inf.가 원인을 표시할 경우에는 대개 복합형 부정법이 많이 쓰인다.

Elle la gronda *pour être sortie* sans sa permission.

(10) *Orphelin* dès son enfance, il fut laissé aux soins de son oncle.

위의 예문에서 orphelin은 주어 il의 동격속사이다. 이처럼 동격속사가 원인을 표시할 때, 그 원인의 뜻을 강조하기 위해서 「속사+

comme(또는 que)+être」의 형식이 쓰인다. comme일 때는 속사를 중성대명사 le로 다시 받기도 한다.

(1) Mais, *infortunée que je suis*, je ne puis rien pour votre bonheur.
(2) *Etranger comme je le suis à tout négoce et trafic*, je résolus de prendre conseil d'un librairie de mes amis.

다음은 분사절이 원인을 나타내고 있다.

(1) *Ayant été mal accueilli*, il y resta fort peu de temps.
(2) *Le courage me manquant*, je n'en dis pas davantage.
(3) *La gorge desséchée*, il avalait péniblement sa salive.

원인을 나타내는 절을 원인절(prop. causale)이라 부르고 있는데, puisque P, comme P, parce que P, [à] cause que P, vu que P, étant donné que P, d'autant que P, surtout que P 등이 원인을 나타낸다.

(1) Tu ne m'aimes pas, non, tu ne m'aimes pas, *puisque tu m'as trompé.*
(2) *Comme j'avais froid*, j'ai mis mon manteau.
(3) Il n'épousait pas Margueritte, tout simplement *parce qu'il avait envie d'en épouser une autre.*

i) 원인절이 다음 예문에서처럼 속사만으로 간략해질 때가 있다.

Il a, *parce que trop fatigué*, renoncé à venir.

(4) Je ne le payerai pas, *d'autant qu'il me doit encore trois mille francs.*

(5) Je regrette pas... *vu que j'ai quitté pour être avec vous.*

c'est que P의 형식이 문의에 따라 c'est parce que P의 뜻일 수가 있다. 특히 si P에 상관될 때는 반드시 그러하다.

(1) Je lui avais mis sur son réchaud une tasse de chocolat, il n'y a pas touché. - C'est *qu'il avait soupé dehors.*

(2) Si je suis porté à lui pardonner, c'est *qu'il m'est arrivé moi-même de commettre de telles erreurs.*

i) que P, de ce que P가 원인을 나타낼 때도 있다.

a. Vous êtes donc brouillé avec lui, *que vous ne lui parlez plus.*

b. Le sourire qu'il me fit me parut plus charmant *de ce que je le savais plus rare.*

또한 원인의 뜻이 절들 간에서 문맥상으로 나타날 때도 있다.

(1) Il avait le cœur un peu serré, *c'était la rentrée.*

(2) Le roi, son père *qui était bonhomme*, le crut.

5) 수단(moyen) · 도구(instrument)

(1) Le bavarois est connu dès le huitième siècle de notre ère *par des gloses et des petits textes de caractère religieux.*
(여기서 par 이하는 「…을 매개로 해서」라는 수단의 상황보어로 쓰여 있다).

(2) Parmi ces Flamands qui ont possédé le don de la couleur savoureuse, Rubens brille *d'un éclat sans égale.*

수단·도구의 상황보어를 이끄는 de는 대개 더 명확한 뜻의 par나 avec로 대치될 수 있다. déchirer *de* ses mains 「손으로 찢다」, aider de ses conseils 「충고해서 돕는다」 같은 표현에서도 전자에 avec를, 후자에 par를 사용할 수 있다. 그러나 비유적인 뜻일 경우에는 de가 더 잘 쓰인다.

(3) J'ai devant moi la dépêche et regarde ce méchant papier bleu *avec des yeux brouillés de larmes.*

(4) Ils reconnurent la maison *à un vieux noyer* qui l'ombrageait.

(5) Je vais t'aider à recharger, dit Jacob, qui *à deux bras* prit le fagot et le soutint à la hauteur des épaules de la jeune fille.

(6) C'est aussi *grâce à toi*, maman, *grâce à cette lettre chérie* que tu m'as laissée, que je saurai lutter et triompher.

(7) Vous m'avez rendu un grand service *en me la faisant connaître.*

6) 목적(but)

(1) N'arrangez point votre maison *en vue d'étonner et de rendre* envieux les passants.

(2) L'homme se présenta alors à l'hôtel de ville *pour toucher* la récompense promise.

(3) Je lui ai envoyé un bleu, *afin qu'il vienne chez moi et qu'il assiste à la cérémonie.*

i) 주절이 명령법일 때는 que P만으로도 pour que P의 뜻이 된다 : Clémentine, donne des verres, *que l'on trinque.* 그러나 주절이 부정의 명령이면 que P는 sans que P, 또는 avant que P의 뜻이 된다 : Tu ne bougera pas d'ici *que tu n'aies demandé pardon.*

운동을 나타내는 aller, venir, conduire, partir, arriver, mener, courir, 등과 같은 동사 뒤에 오는 부정법은 전치사 없이 그대로 상황보어가 되는데(il est venu voir ma soeur), 목적의 관념을 강조하기 위해서는 pour나 afin de를 앞에 둔다. 특히 부정법이 부정일 때는 반드시 그러하다.

(1) Du plus loin qu'elles paraissaient, Félicité accourait *pour la prévenir.*

(2) Il vient *pour ne pas rester* seul chez lui.

동사 être가 aller의 뜻으로 쓰일 경우에도(복합시제와 단순과거일 때), 그 뒤에 오는 부정법은 상황보어가 된다.

(1) Mais, un soir qu'elle avait été aux environs *faire* une course, elle rencontra devant la porte le cabriolet de M. Poupart.

(2) Ils se séparèrent, et chacun fut *se coucher*.

(3) Il se leva, s'en fut au fond de la pièce *quérir* un cendrier, l'apporta sur la table entre eux, y secoua son cigare.

7) 결과(conséquence)

(1) J'en fus touché *jusqu'à recommencer d'être inquiet sur moi-même.*

(2) Florent avait perdu toute patience, *au point de lever* sa canne sur son insolent interlocuteur.

(3) La chèvre s'est battue toute la nuit avec le loup *pour être mangée* le matin.

(4) Elle est lente *à me donner des crises de nerfs.*

i) 결과를 나타내는 à+inf.는 속담적인 표현에서 흔히 볼 수 있다.

bête *pleurer* 「안타까울 만큼 어리석은」, laid *à faire peur* 「소름이 끼칠 만큼 추한」, fou *lier* 「묶어 두어야 할 만큼 미친」, il gêle *pierre fendre* 「돌이 깨질 정도로 얼어붙는 지독한 추위다」, *etc.*

(5) Je ne suis pas si naïf *que de confondre* ces deux choses.

(6) Sa bourse était vide, et sa santé délabrée : *aussi avait-il jugé bon de venir se refaire dans la maison paternelle.*

(aussi는 par conséquent의 뜻).

(7) Rupert, fort ennuyé, pressa le pas *de telle sorte que la*

Médicis, empêchée par sa vaste jupe, avait peine à suivre.

i) de (telle) sorte(façon, manière) que P에 직설법이 쓰이면 이미 얻어진 결과를, 접속법이 쓰이면 장차 얻어질 결과를 표시한다.

Il fallut modérer sa gloire de façon qu'elle ne réveillât que l'attention.

위의 예문에서는 de telle sorte que P가 결과를 표시하고 있는데, 이처럼 결과를 의미하는 절을 결과절(prop. consécutive)이라 부르고 있다. 이 결과절은 si/tellement/tant ... que P, de (telle) sorte que P, au point que P, si bien que P, trop/assez/suffisamment ... pour que P 등의 형식을 취한다.

(8) Les habitants de Lille sont *tellememt* différents de ceux de Marseille *qu'on ne les dirait pas du même pays.*

(9) Il n'arrivait jamais à l'heure, *si bien qu'on a fini par ne plus l'inviter.*

(10) Son trouble était *trop* grand *pour qu'elle pût dormir.*

i) que P만으로도 결과를 표시할 수가 있다.

Quand elle aime les choses, elle en mange *que* c'en est dégoutant.

8) 양보(concession)

양보에는 현실적 사실을 양보할 경우와 가상적 사실을 양보할 경우가 있다. 그래서 전자의 경우를 **대립**(opposition)이라 하고, 후자의 경우만을 **양보**라고 하여 구별해서 다루기도 한다.

(1) Même s'il est malade, il ne cesse pas son travail. (대립)

(2) Il ne cessera pas son travail, bien qu'il soit malade. (양보)

1) 대립일 경우

(1) Dans la courette gorgée de lumière, l'appel s'entendit *malgré la porte de la blanchisserie qui demeurait close à cause des mouches.*

(2) *Même avec de belles manières*, il n'en a pas moins l'air d'un paysan. (이 때의 même는 opposition을 강조하는 것).

(3) *Sans innover beaucoup*, il apporte toutefois les résultats de recherches consciencieuses et d'observations personnelles.

(4) Vous n'avez guère bruni, *pour avoir passé tout l'été au soleil.*

i) 다음 예문의 pour+inf.는 비율을 나타낸다.

Vous ne savez pas beaucoup le français *pour l'avoir étudié si longtemps.*

(5) Vous n'êtes pas venu, *tout en sachant très bien que je vous attendais.* .

(6) Il s'étonna d'abord de ce qu'elle fût restée à ce point arriérée, *n'étant somme toute qu'aveugle.*

(7) *Blessé mortellement*, il espérait encore.

(8) *Deux fois esclave*, elle redevint deux fois impératrice.

(9) Il *eut beau s'escrimer et suer* pendant une heure, la damnée tente ne s'ouvrit pas.

(10) Robert a *bien été* à Paris quelques jours plus tard, mais n'a pu rien découvrir.

(11) *Quoique cette affaire fût écrasante*, j'ai cru que je devais l'accepter.

위 예문에서처럼 대립을 표시하는 상황절을 **대립절**(prop. d'opposition)이라고 하는데, 대립절은 quoique P, bien que P, encore que P, malgré que P, tout ... que P 등의 형식을 취한다. 이러한 대립절에서 동사의 서법은 모두 접속법이지만, tout ... que P에서는 주로 직설법이 사용된다.

(1) L'air brûlait *malgré qu'on fût du déclin de la saison.*

(2) M. de la Marck, *tout étranger qu'il était*, put être nommé membre des Etats-Généraux.

다음은 상황절이 간략화된 경우이다.

(1) De s'être mouilléles lèvres, il s'aperçut qu'elle pleurait, *bien que faisant son possible pour le cacher.*

(bien que faisant은 bien qu'elle fît의 간략형).

(2) *Quoique jeune et vif encore*, il semblait malade.

(quoique jeune et vif는 quoiqu'il fût jeune et vif의 간략형).

또한 quand P, lorsque P, alors que P, tandis que P, du moment que P 등과 같은 시간절이 대립을 나타내기도 한다. 이런 시간절을 특히

반의절(prop. adversative)이라고도 한다.

(1) Son âme était encore celle d'un enfant *alors qu'elle était déjà mère.*

(2) -Tu es fou! *Du moment que tu sais bien que ce n'est as lui,* pourquoi dire ces bêtises-là?

(3) En France, on bâcle trop vite les mariages, *quand un mariage dispose d'une vie, d'une famille, d'un avenir.*

2) 양보일 경우

(1) Les œuvres des hommes *même de bonne volonté* sont précaires et imparfaites.

(2) *Avec le même lexique et la même syntaxe*, au cas que la chose fût possible, la langue deviendrait autre, si les formes grammaticales variaient.

(3) *Pour ne pas reposer sur une sympathie de l'esprit*, cet amour n'en était pas moins vrai.

(4) M'aimerais-tu, *légère et insouciante*?

(5) *Quand même vous seriez infiniment moins bien que vous n'êtes*, vous me plairiez tout de même.
(n'êtes의 ne는 비교의 제 2항이 절일 경우에 쓰이는 허사).

(6) *Quand bien même les crédits seraient doublés*, ils resteraient insuffisants.

양보절(prop. concessive)에는 위 예문의 quand même P(+*cond.*)

이외에도, quand P(+*cond.*), lors même que P(+*cond.*), même si P(+*ind.*); quel que P(+*subj.*), quoi que P(+*subj.*), où que P(+*subj.*), soit que P(+*subj.*), si ... que P(+*subj.*), quelque ... que P(+*subj.*) 등의 형식을 취한다.

i) quand même P, lors(간혹 alors) même que P 뒤에 직설법이 쓰이면 있을 수 있는 일을 표현한다.

La vraie vertue se fait quelquefois respecter, *lors même qu'elle déplaît.*

(1) Je vous sauverai *même s'il doit m'en coûter la vie.*

(même si는 간혹 si même로도 표시된다).

(2) *Si même* il venait, il serait maintenant trop tard pour conclure l'affaire.

(3) *Quels que puissent être vos talents*, vous devez tout de même travailler.

(4) *Qui que ce soit qui te parle*, réponds toujours non.

(5) *Quoi que vous ayez à me dire*, je ne m'en offenserai pas.

(6) *D'où que découle cette rumeur*, il faut s'en assurer l'origine.

(7) *Soit qu'il gagnât, soit qu'il perdît des sommes*, jamais un muscle de sa face ne remuait.

(8) *Quelque absurde qu'elle fût*, cette pensée me donnait courage.

i) 위의 quelque는 부사로 쓰였지만, 명사 앞에서는 형용사로 쓰인다.

De quelques chaînes que le monde l'ait entouré, l'amour n'en est pas moins une loi céleste.

(9) *Si mince qu'il soit*, un cheveu fait de l'ombre.

(si절은 si mince soit-il로도 표현된다).

조건법 동사(때로는 직설법 미래)를 포함하는 두 절이 병치되어 어느 한 쪽이 양보를 나타낼 때가 있다. 이때는 대개 주절 앞에 que가 놓이거나, 양보절에서 주어가 도치되거나 한다.

(1) *Il cesserait d'être utile à son pays*, je l'aimerais tout autant.

(2) *Vous auriez cent mille francs de rente*, en seriez-vous plus heureux?

(3) *Vous me répétrez cela cent fois*, que vous ne m'apprendrez rien de nouveau.

(4) *Je n'aurais pas su la véritépar le général* que je l'aurais devinée dès le premier regard.

(5) *Serait-ce au prix de ma vie*, je tenterais cette entreprise. (serait-ce ... = fût-ce ...)

(6) *N'eût-elle point eu de chagrin*, elle s'en serait créé un.

(7) *Ce livre eût-il coûtédeux fois plus cher*, je l'aurais acheté tout de même.

위와 같은 도치형의 구문에서는 조건법 현재 대신 접속법 반과거가 쓰이는 경우도 있다. 주로 être, avoir, devoir의 3인칭 단수에서 많이 쓰이는데, 이 경우의 접속법을 조건법 현재의 제2형(seconde forme du conditionnel présent)이라고 한다.

(1) *Ne fût-ce que par curiosité*, il viendrait.
(ne fût-ce que ... = ne serait-ce que ...)

(2) *Eût-il tout l'or du monde*, qu'il n'en serait pas plus heureux.
(eût-il ··· = aurait-il ···)

(3) Jamais, *dussé-je vivre mille ans*, je n'oublierai les émotions de ce jour étonnant.

i) 3인칭의 dût, dussent에서는 주어가 명사라도 단순도치로 된다.

Dût mon amour-propre en souffrir, je préférerais m'humilier devant elle.

9) 조건(condition)

(1) *A me voir*, vous n'eussiez su si j'étais mort ou vivant.

(2) *Sans les livres et sans les plantes*, je me serais parfois bien ennuyée.

(3) Toujours est-il que ses papiers révèlent un sens de l'observation intime qui fût sans doute devenu du talent *avec un peu d'effort*.

(4) *Aimée*, Eugène n'aurait pas eu de ces négligences de tenue.

(5) Hé bien! ç'a été horrible, une torture que, *jeune fille*, je n'eusse jamais pressentie.

(6) *Plus péremptoire*, elle eût été renvoyée tout de suite.

(7) *En levant* le bras, il eût touché les solives.

(8) *En vous voyant*, je sens que je vous aurais aimée de nouveau et nous en aurions souffert tous deux.

(9) *Tes projets renversés*, que ferais-tu?

(10) Je reviendrai au Havre *une fois fortune faite.*

(11) *Un peu de détente dans la joie et le bien-être*, et ce jeune homme s'épanouirait.

(12) Il ferait bon, *n'était cette brise trop fraîche.*

(13) *N'eussent été les fumées des toits*, le village aurait semblé désert.

(14) Je ne pourrais pas le croire, n'était *que je l'ai vu moi-même.*

위의 예문에서 n'était, n'eussent été는 si ce n'était, si ce n'eussent été의 간략형으로서 조건을 나타내는 숙어구이지만, 뒤에 오는 명사의 수에 일치하기도 한다. 뒤에 절이 오면 que P(+*ind)*가 쓰인다.

조건이나 가정을 표시하는 절을 조건절(prop. conditionnelle)이라 하는데, 조건절은 si P, à moins que P(+*subj.*), pour peu que P(+*subj.*), si tant est que P(+*subj.*), pourvu que P(+*subj.*), supposé que P(+*subj.*), au (dans le) cas où P, au cas que P(+*subj. cond.*) 등의 형식을 취한다.

(1) *Pour peu qu'on ait l'âme réfléchissante*, il y a de quoi s'arrêter à chaque instant et se mettre en pensée.

(2) *Au cas où une complication se produirait*, faites-moi venir.

(3) Elle doit être bien vieille, *si tant est qu'elle vive encore.*

앞에서 우리는 조건법 동사를 포함하는 두 개의 절이 병치되어 양보를 표현하는 경우를 보았는데, 바로 그 형식에 의해서 조건이 표현되는 경우도 있다.

(1) *J'aurais un secret* que je vous le confierais sans hésiter.

(2) *Micheline n'eût pas été là*, je sautais sur ces infâmes.

(과거의 결과가 확실한 때는 조건법 과거 aurais sauté 대신 직설법 반과거sautais가 쓰인다).

10) 가격(prix)

(1) Je lui dit que j'achèterais, *à un prix raisonnable*, l'histoire de ces deux parfaits amants.

(2) Maintenant que vous savez pourquoi j'en ai envie, moi, de votre livre d'heures, voulez-vous me le céder *pour cinq cents francs*?

위의 두 예문에서는 가격을 표시하는 상황보어가 전치사를 앞에 두고 있으나, 전치사 없이 직접으로 구성될 때도 있다.

(1) -Je vous vendrai ce livre *un franc vingt-cinq*, monsieur, me répondit Cocoz, dont le visage rayonnait de joie.

(2) Des images qu'on acheta *un sou* dans la rue.

(3) Il l'a payée *cinquante-cinq francs.*

(4) *Les trois mille francs* que le tableau m'a coûté.

(5) Ce cheval ne vaut plus *les trois mille francs* qu'il a valu autrefois.

i) 위의 두 예문에서 과거분사 coûté와 valu가 무변화인 것은 les trois mille francs이 직접목적어가 아니라 상황보어인 때문이다. 그런데 다음 예문에서 les efforts는 직접목적어이다 : Les efforts que ce travail *m'a coûtés.*

11) 정도(mesure)

(1) Il est plus âgé que moi *de trois ans.*

(2) Aux derniers mots de Jacques, il se recula *d'un pas.*

(3) Je vous ai écrit que j'avais la grande joie d'avancer *de deux semaines* mon retour auprès de vous.

위의 예문들에서는 전치사 de를 앞세우고 있으나, 전치사 없이 직접으로 구성되기도 한다.

(4) Le boulanger lui délivra le seul morceau du pain qui restât et qui ne pesait pas *deux livres.*

(5) J'ai couru *cinq cents mètres* sans m'essoufler.

만일 필요에 의해서 cinq cents mètres que j'ai couru sans m'essoufler로 문장이 꾸며질 경우에, 과거분사 couru는 가격의 경우에서와 마찬가지로 역시 무변화이다. 다음 예문에서 과거분사 dormi와 vécu가 무변화인 것도 역시 les deux heures, les dix ans이 상황보어인 때문이다.

(1) On me reproche *les deux heures* que j'ai dormi.

(2) *Les dix ans* qu'il a vécu à l'étranger lui ont élargi l'esprit.

12) 동반(accompagnement)

(1) -Viens-tu *avec moi*, Raymond? Je vais à la Calade.

(2) Il m'a dit que souvent ma mère et M. Pérez allaient se promener le soir jusqu'au village, *accompagnés d'une infirmière.*

13) 화제(propos)

(1) Il détourna d'elle ses yeux et lui parla *d'autre chose.*

(2) "Vous avez devinéce *dont* je désire vous entretenir, madame?"commença-t-il.

i) parler *affaires* 「상담하다」, parler *politique* 「정치 이야기하다」 등에서는 중간에 de가 생략된 것이므로 affaires, politique도 '화제'의 상황보어로 본다.

8. 명사의 보어

명사의 보어는 명사의 개념을 한정하거나 명사를 수식한다. 명사의 보어에는 한정사/형용사/분사, 전치사구, 관계절/분사절, 부사절 등이 있다.

8.1. 한정사/형용사/분사

(1) J'ai exercépour la première fois *cette* faculté *instintive.*

(2) Oh! *quel* cœur si mal fait n'a tressailli au bruit des cloches de *son* lieu natal, de *ces* cloches qui frémirent de joie sur

son berceau!

(3) En Espagne, un cigare *donné* et *reçu* établit des relations d' hospitalité, comme en Orient le partage du pain et du sel.

(4) Il est mort de *je ne sais quelle* maladie.

한정사의 기능은 명사의 개념을 현동화 또는 현실화(actualisation)하는데 있다. 부정관사는 그 현동화가 불충분해서 부정한정사적이고, 정관사는 더 적극적이어서 지시한정사적이라 하겠다. 예를 들어, 그냥 chien이라 하면 그 생김새, 크기, 색깔 등 여러 종류의 chien이 있을 것이니, 어떤 것을 가리키는지 종잡을 수 없으므로 매우 추상적이나, *un* chien하게 되면 명사의 추상성은 살아지고 어느 정도 개체성이 드러나기는 하나, 어떤 것까지에는 이르지 못한다. 그러나 *le* chien하게 되면 어떤 그것이라고 특정되어지니까, 그 개념의 현동화는 완전해진다.

그러나 관사의 용법에는 관습에 의한 경우가 적지 않으므로, 위에서 말한 대로의 근본 성질이 언제나 명확하게 나타나는 것은 아니다.

그런데 관사는 명사 앞에 덧붙어지므로, 관사가 붙어 있는 것은 명사로 간주될 수 있다.

(1) Ne multipliez pas *les pourquoi* indiscrets : *les pouquoi* ne mènent à rien.

(2) *Le naître et le mourir* sont frères jumeaux.

(3) *Le réel* est étroit, mais *le possible* est immense.

8.2. 전치사구

전치사 + 명사(구), 전치사 + 대명사, 전치사 + 부정법으로 구성되는 전치사구가 명사의 보어로 쓰인다. 전치사로는 주로 de, à가 쓰이지만, 때로는 avec, en, pour, sans, sur 등도 쓰인다.

1) 전치사+명사(구)

(1) La villa *de mon oncle,* un enfant *aux yeux bleus,* sa montre *en or*, un tailleur *pour dames*, un homme *sans domicile*, l'étude sur George Sand 등.

(2) Presque irritée, elle lui jeta des mots *d'ironie.*

i) 〈de+관사없는 명사〉는 대개 품질형용사의 성격을 지닌다.

une voix *de femme.* = une voix *féminine.*
une affaire *d'importance.* = une affaire *importante.*

ii) 동작명사(nom d'action)에 걸리는 소유관계의 한정보어에는 두 가지 성질의 것이 있다. l'arrivée *des invités* 「초청객들의 도착」에서 invités는 arrivée에 대해서 주어관계에 있고, le partage *de la succession* 「상속의 분할」에서 succession은 partage에 대해서 목적어관계에 있다.

그러나 l'amour de Dieu와 같은 명사구에서는 Dieu가 amour에 대해서 주어관계에 있을 수도 있고, 목적어관계에 있을 수도 있기 때문에 「신이 베풀어 주는 사랑」으로 해석될 수도 있고, 「신에 대한 인간의 사랑」으로 해석될 수도 있으므로 이런 경우는 문맥에 의해서 구별된다.

그런데 옛 어법에서는 전치사를 사용하지 않고, 직접구성에 의해서 소유관계를 나타낼 때가 많았는데: la fille *le roi* (=la fille du roi), 지금도 그 예를 얼마간 볼 수 있다.

(1) L'Hôtel-*Dieu* (=l'Hôtel de Dieu), le tour *Eiffel*, le prix *Novel*, fin *mars*, au point de vue *éducation* 등.

(2) Il portait bien la confection, des costumes clairs, très *dernière mode*, d'après les catalogues.

(3) Jane, se levant en sursaut, prit son air *le plus jeune fille*.

이상과 같은 표현은 흔하지는 않으나, 특히 색깔에 관한 표현에서는 일반화되어 있다.

(1) On est assis sous des parasols *orange*.

(2) Il montrait, en parlant, ses dents soignés, ses yeux *couleur de tabac*.

위의 예문들에서의 orange, couleur가 복수로 되어 있지 않는 이유는 이것들이 원래 명사라는데 기인한다.

i) 색깔 형용사가 다른 형용사나 〈de+명사〉로 한정되어 있으면 변화하지 않는다.

a. Sans répondre, je regardai sa robe *vert* pâle.

b. Je mettrai une cravate *bleu* de ciel.

또한 〈명사+형용사(분사)〉로 된 명사구가 부가사(épithète)의 역할을 하는 것도 이 부류에 속할 수 있다.

(3) Il était là qui parlait avec une jeune fille, toute rose, et *les cheveux mousseux.*

위의 글에서 les cheveux mousseux는 toute rose와 동일한 자격에서 jeune fille를 수식하고 있다. 다음 예문에서도 마찬가지다.

(4) La statue représentait une femme nue, debout, *les bras pendants, la tête couchée sur l'épaule.*

2) 전치사 + 대명사

(1) Un chef qui n'a pas l'amour *des siens* est un bien misérable mannequin.

(2) Et je dis que cette femme fut une héroïne, de la race *de celles* qui accomplissent les plus belles actions historiques.

(3) *De qui* envieras-tu le sort?

그리고 en, dont도 〈de+명사구〉를 대신하여 명사의 보어가 된다.

(4) Nous arrivâmes devant l'église mais la porte *en* demeurait fermée.

(5) J'apportai chez moi cette malheureuse *dont* la jambe droite était brisée à trois places.

3) 전치사 + 부정법

(1) Mon père avait cette habitude *de lire* le journal pendant le repas.

(2) D'ailleurs, j'ai de la difficulté *à* me *rappeler* ces images.

(3) Je veux faire, moi, un musique à la mesure de l'homme : cela aussi est un chemin *pour atteindre* la vérité.

(4) L'ordre est venu de Berlin *de ne plus enseigner que l'allemand* dans les écoles de l'Alsace.

(문장의 균형상 한정보어가 명사와 분리되어 문미에 놓일 수 있다).

8.3. 관계절 / 분사절

관계절과 분사절도 형용사와 같이 명사의 보어 역할을 할 수 있다.

(1) Devant la porte, il y avait une dame *que je ne connaissais pas*.

(2) Hier j'ai vu un ami *avec qui j'avais fait jadis le tour de Normandie*.

(3) Mais j'appartenais à cette race d'êtres *dont on dit* qu'ils n'ont pas de jeunesse : un adolescent morne, sans fraîcheur.

(4) Les deux dames *entre lesquelles je me trouvais assis* étaient aussi entre deux âges. (entre deux âges는 중년이라는 뜻).

(5) Laisse-moi, Léa, m'asseoir auprès de toi comme au temps *oùnous étions bons frère et sœur*.

문장의 균형을 위해서 주어에 걸리는 관계절이 문미에 놓이는 경우가 있다.

(1) Mais quelque chose me serrait le ventre *qui m'enlevait tout autre attention que celle que je portais au prévenu.*
(qui의 선행사는 quelque chose).

(2) Le temps n'est plus *où des conseils, une main fraternelle étaient les moyens de vous pousser vers le bien.*

i) 형용사와 관계절이 등위접속되어 동일한 명사에 걸리는 경우가 프랑스어에서는 흔히 있다. 이것은 관계절이 형용사와 동일한 기능을 한다는 것을 증명한다. 그렇기 때문에 관계절을 형용사절이라 부르는 것이다.

On a réservé pour ce jour-là une paille dorée *solide* et *qui craque comme du roseau.*

직접목적어를 선행사로 하는 관계절이 그 선행사를 한정하는 또 하나의 관계절을 내포할 경우가 있다. 이렇게 얽혀 쓰이는 관계절의 용법은 고어투에 속하나, 의고적 취미에서 오늘날에도 간혹 쓰인다.

(1) Ils ont vécu snas ce que nous croyons *qui fait le prix et la douceur de la vie.*
(ce는 croyons의 직접목적어인 동시에 qui의 선행사).

(2) Bark, captif noir, était le premier que je connus *qui ait résisté.* (le premier는 connus의 직접목적어인 동시에 qui의 선행사).

i) 위의 두 문장에서의 qui fait …, qui ait résisté는 오늘날에는 보통 부정법으로 표현된다.

관계절이 술어적으로 쓰이는 특수구문도 있다. 이러한 경우의 관계절을 술어적 관계절이라 할 수 있다.

(1) Plus de bataillons! ... toutes les armes confondues dans le désordre ... les mourants *qui meurent sur les morts,* l'artillerie *qui passent sur les mourants.*

(confondues도 마찬가지로 부가사가 아니고 술어기능의 속사이다).

(2) Dis donc, Philippe, le gars à la Michaude *qui m'a conté tout à l'heure* que tu n'étais pas mon papa tout à fait.

(3) Cyrano! -Qu'est-ce? -Une énorme grive *qu'on t'apporte.*

i) 속어에서는 qui 대신 qu'il(elle)이 쓰이는 수가 있다.

C'est la mère d'Eugène *qu'elle* fait la ménage.

관계절이 dont, parmi lesquels 등 뒤에서 간략해질 때가 있다.

(1) Je vis le mari de ma nourrice qui traversait la cour avec deux dames, *dont une très élégante.*

(2) Un jour, il invita à dîner chez lui les savants, *parmi lesquels Lavoisier et Franklin.*

분사절도 관계절과 마찬가지로 형용사와 같이 명사의 보어 역할을 할 수 있다.

(1) Enfin il se trouva sur un plateau *dominant un grand espace de pays.*

(2) Il a prononcé des paroles *provoquant l'hilarité générale.*

(3) Le président *élu par le bureau* dirige les débats.

그 밖에 다음과 같은 comme/lorsque/quand-절도 명사를 수식하는 보어 역할을 한다.

(1) Il en sortit un bruit *comme si on avait cassé une brindille en marchant dessus.*

(2) C'était un médecin original et *comme on en voit peu.*

(3) Les femmes *comme il faut* ne portent le noir que le matin. (품위있는 부인들).

(4) Je veux retracer mes sentiments *lorsque j'appris cette nouvelle.*

(5) Il y a eu encore …, et ma joie *quand l'autobus est entré dans le nid de lumières d'Alger* et *que j'ai pensé que j'allais me coucher et dormir pendant douze heures.*

9. 대명사의 보어

대명사의 종류에 따라 그 보어를 취하는 요령이 다르므로 두 부류로 나누어 고찰한다.

1) 인칭대명사일 경우

명사(구), 대명사, 형용사(구)와 같은 동격어나 관계절이 쓰인다.

(1) —Mais, il est gentil, *ton petit frère.*

(2) *Tous les deux* ils frôlaient de la poitrine les mêmes épis qui allaient tomber.

(3) De le voir ainsi, toujours *triste et seul*, les gens du mas ne savaient plus que faire.

(4) *Las* enfin de leurs quolibets, il exigea que Mme Oreille lui achetât un nouveau parapluie.

(5) Ecoutez vous *autres*, nous sommes des voyageurs égarés.

(6) Nous aurions demandé à maman *chacun* deux sous.

(우리 각자 2수씩 엄마에게 요구할걸 그랬어).

(7) Moi *qui avais si peur de la mort*, je ne tremblais pas.

(8) Il se souvient d'elle *quand elle était jeune.*

2) 지시·의문·부정대명사일 경우

한정보어가 형용사나 분사이면 de를 앞세우고, (대)명사이면 de 또는 d'entre를 앞세운다. 그러나 보어가 절일 때에는 전치사가 필요하지 않다.

(1) Eteignons cette lumière pour ensuite éteindre celle *de sa vie.* Je ne peux plus redevenir celui *que j'étais avant de l'avoir lue.*

i) celui, celle(s), ceux를 앞세우는 관계절이 술어적일 때도 있다.

– Prends patience. Le jour viendra où les Allemands partiront d'ici ... Ceux *qui seront encore vivants*. (이런 경우 ceux qui 대신 ils를 생각해도 좋겠다).

(2) Je sais tout ce qu'il y a *de miraculeux* dans un amour durable.

(3) Mais il y avait ceci *d'étrange* que je n'en éprouvais aucun malaise, aucune fatigue. (que P는 ceci의 동격보어).

(4) Je ne sais qui *de nous deux* cette conversation oppressait davantage.

(5) Laquelle *de vos filles*, ô Mère, ne m'accueillerait d'un signe d'effroi, me montrant le dehors, en cette chapelle?

(6) A qui *d'autre* demanderais-je cela, pasteur?

(7) Zoé, qu'y a-t-il *de nouveau* aujourd'hui?

(8) Elle était toujours sérieuse, et quoi *d'étonnant* puisque, à ce moment, je l'étais aussi?

(9) Quand on se plaint de tout, il ne vous arrive rien *de bon*.

(10) Nulle *d'entre tes compagnes* ne s'est aperçue de ton absence.

(11) En le regardant, on lui voyait dans le cœur quelque chose *qui nous aimait*, et quand il parlait, on aurait dit que c'était un *de nous*.

10. 동격어

동격어(apposition)도 명사/대명사의 개념을 한정하거나 설명하는 것이므로 넓은 의미에서는 일종의 보어요 속사인 것이다. 그래서 간혹 동격속사(attribut apposé)라 일컬어진다. 동격어로 쓰일 수 있는 것에는 명사/대명사, 형용사/분사, 부정법, 절 등이 있다.

1) 명사/대명사

(1) La rose, *reine* des fleurs.

(2) Grand *poète*, Hugo repose au Panthéon.

(3) L'autre nuit, je me suis trouvé, moi *misérable pêcheur*, à la porte du paradis.

(4) Il a été emmené par un agent, *l'ivrogne*.

(5) Je reconnus pourtant, à deux kilomètres de là, sur la gauche, un petit lac mystérieux où *jeune homme* j'avais été quelquefois patiner.

i) 지리상의 고유명사나 월명의 동격어 앞에는 de가 놓인다.

La ville *de Séoul*, le mois de *juin, etc.*

ii) 다음과 같은 경우의 de는 앞 명사를 정감적(affectif)으로 강조하여 일종의 부가형용사적 구실을 하게 한다.

a. Te tairas-tu, *gredin de Puck*! 입 다물어, 못난 '빽끄'야!

b. *un amour de* petite chèvre. 사랑스러운 꼬마 산양.

c. Tu as *une drôle de* tache, là. 거기 괴상한 얼룩이 있군

(drôle de가 완전한 형용사로 생각되었기에 une가 tache에 일치하고 있다).

(6) Le mari, *lui*, ne savait rien.

(7) Mais les révoltés ne sont pas *tous* des jeunes.

(8) Vous avez tort, *c*'est évident.

2) 형용사/분사

동격명사에서도 그렇지만, 동격형용사나 분사도 주절과의 관계에 있어서 여러 가지의 상황적 의미를 나타내는데, 그 상황적 의미는 문맥에 의해서 분간된다.

(1) Suzon, très *grave*, tricotait un bas de laine bleue.

(2) Toine, *inquiet*, ne répondit rien.

(3) Plus *péremptoire*, elle eût été renvoyée tout de suite.

(4) Elle m'emporta dans sa chambre, et sans aucun dégoût de l'état horrible où j'étais, cette excellente femme, si *délicate* et si *recherchée* cependant, me déposa sur son lit.

(5) *Fatigué* par la chaleur, il s'endormit sous les lambris rouges de sa grotte humide.

(6) Je ne le savais pas. Mais, le *sachant*, j'aurais agi de même.

i) 동격속사는 대개 주어의 동격이지만, 간혹 직접목적어의 동격일 때도 있다.

a. Il l'a regardée, *pitoyable* et *haineuse* dans ses bras.

b. M'aimerais-tu, *légère* et *insouciante*?

3) 부정법

(1) Il n'a qu'une idée en tête, *jouer*.

(2) Il n'y a pour l'homme que trois éléments : *naître*, *vivre*, et *mourir*.

i) 부정법이 동격어를 취할 때도 있다.

Travailler, grand devoir, est aussi une joie.

4) 절(보어절, 간접의문절, 관계절, 분사절 등) －동격절(prop. appositive)이라고 한다.

(1) Elle ne demandait qu'une grâce : *qu'il revint de temps en temps*.

(2) Philippe se souvenait de cette illusion qu'ils avaient nourrie, *qu'on peut recommencer un amour*.

(3) La mort a ceci de bon *qu'elle réconcilie les pires ennemis*. (que P는 ceci의 동격).

(4) Ecoutez ce qu'ils disent, *que même dans la mort l'espérance reste*.

i) 동격절은 간혹 par exemple, comme를 앞세울 때가 있는데, comme일 경우에는 ceci, celui, celle 등을 중간에 둔다.

Elle avait dit quelque chose *comme ceci que j'étais une vraie savante*.

(5) A cela près *que le bras lui sort de la poitrine*, ce monsieur est très bien fait. (que P는 cela의 동격)

(6) Elle était triste à la pensée *que nous allions nous quitter dans quelques instants*.

(7) L'idée m'est venue *qu'il est peut-être malheureux*.

(주어의 동격절은 문장의 균형상 문미에 올 때가 많다).

(8) A une question de Marthe, *s'il y avait beaucoup de nouveaux arrivés*, il eut un rire bruyant.

(9) Il faut voir la situation telle qu'elle était, *dans quel milieu vivait la reine et quels étaient ses entours*.

i) 절이 동격어를 취할 때도 있다.

Il ne m'a pas répondu, *preuve* qu'il a reconnu son tort.
(preuve는 il ne m'a pas répondu의 동격어).

ii) ce qui..., ce que...가 독립절의 구실을 해서 주절의 동격어로 쓰이는 일이 있다.

a. J'ai été obligé de le renvoyer, ce qui m'a fait beaucoup de peine.

b. Il a commencé à me parler de ma mère, *ce qu'il n'avait jamais fait* depuis leur séparation.

(10) Le mont Blanc, *qui s'élève à plus de 4800 mètres*, est le plus haut sommet d'Europe.

(11) La chaise, *qui était vermoulue*, s'effondra sous ce poids.

(12) Cet homme, *qui avait un air farouche*, n'aurait pas fait de mal à une mouche. = bien qu'il eût un air farouche...

(13) Il s'affaissa contre la table, tandis que le singe, *poussant des cris aigus d'épouvante*, se cachait dans sa vareuse.

(14) Elle se mit à aller et venir, *ouvrant des tiroirs, remuant des bouteilles, essuyant des verres.*

11. 형용사의 보어

형용사(분사도 포함해서)의 보어가 될 수 있는 것은 다음과 같다.

1) 부 사

(1) Les bois que lui vendit Buisson étaient *encore* verts, et *presque* inutilisables. .

(2) Elle était *très* blanche, *un peu* fière et sérieuse.

(3) La maison était *grande* ouverte.

i) 위의 예문에서처럼 형용사가 부사적 의미로 사용되는 수가 있다.

a. des fraises fraîches cueillies 갓 따온 딸기

b. les fenêtres larges ouvertes 넓게 열려 있는 문

c. Elle est *toute* triste 그녀는 매우 슬프다

(tout는 자음으로 시작하는 여성형 형용사 앞에서는 성·수일치 : Elles sont toutes confuses. 그러나 모음, 무음 h앞에서는 불변 : Elles sont tout attentives, tout heureuses).

ii) on ne peut plus..., tout ce qu'il y a de plus...와 같은 절의 형식이 형용사를 수식할 때도 있다.

Il s'agit d'une prise de contact très démultipliée, *on ne peut plus* prudente. 더 할 나위 없이 신중한

2) 전치사구

전치사+명사(대명사/부정법)이 형용사의 보어로 쓰일 수 있다. 전치사로는 주로 de 또는 à가 많이 쓰이나, en, pour, envers, avec 등이 쓰일 수도 있다.

(1) Donc, ce matin-là, le lever de ces demoiselles est plein *de tumulte*.

(2) Voilà bientôt deux ans que tu est veuf *de ma fille*.

(3) Couple lamentable, oubliant sa beauté, sa jeuness, honteux *de soi* comme un couple de mendiants!

(4) N'affirmons rien sans *en* être sûrs.

(5) Il passait, regardant distraitement l'étalage des rares bouquinistes fidèles *au poste*.

(6) —Tu n'es donc jamais de mauvais humeur, toi?

—Eh non! jamais. *A quoi* bon?

—Oh! ce n'est bon à *rien*, certainement.

(7) Le ministre est responsable *aux chambres*.

(8) Notre professeur est sévère *pour les paresseux*.

i) 같은 형용사에서도 뜻에 따라 전치사가 다를 때가 있다.

a. être fort *de*s bras. 완력이 세다.
en français. 불어에 능하다.
sur le vin. 술에 강하다.

b. être faché *contre* … 에게 성내다.
avec … 와 사이가 좋지 않다.
de+*inf*. … 을 유감으로 여기다.

(9) Ils commençaient à être inquiets *de ne pas les voir* revenir et de ces gémissements qu'on entendait à travers bois.

(10) J'étais étonné *de voir* comme je comprenais.

(11) EIle était triste *de partir.*

(12) Garcia était déjà ployé en deux comme un chat prêt *à s'élancer* contre une souris.

(13) J'étais attentif *à* n'*user* que de sagesse et de modération.

(14) Mais il se présente tous les jours des choses si difficiles *à comprendre*!

(15) Ce texte est facile *à expliquer.*

3) 절

주로 감정을 표시하는 형용사들(certain, content, décidé, étonné, fâché, fier, honteux, jaloux, *etc.*)에는 que를 앞세운 절(que P)이 보어로 쓰일 수 있다.

(1) J'étais jaloux *que le bénéfice de cette habitude revînt à Jacques.*

(2) Il était tout fier *que ça vint de Paris*, ce brave père Azan. (ça = la lettre)

(3) Je suis extrèment flattée *qu'il ait daigné jeter les yeux sur moi.*

이런 경우 형용사가 요구하는 전치사가 명시되면 de *ce* que P, à *ce* que P로 표시된다.

(4) J'étais fière *de ce que nous fussions différents des autres.*

(5) Il était bien résolu *à ce que sa part fût pareille à celle de son frère.*

부정형용사 aucun, autre, même, nul, tel 등 비교나 정도를 표시하는 것들에서는 그 보어로서 que+명사/대명사, que P가 쓰인다.

(6) Aucun bruit dans la forêt *que le frémissement léger de la neige tombant sur les arbres.*

(7) Il revint le soir à la même heure *que la veille.*

(8) Sa mère essayait de la prendre sur ses genoux, elle se débattait avec une telle rage *qu'il y fallait renoncer.* (la = une enfant)

(9) Il n'est pas autre *qu'il paraît.*

12. 부사의 보어

부사는 동사, 형용사 또는 문장 전체를 수식하는 보어이지만, 부사 자신도 또한 다음과 같은 보어를 취할 수 있다.

(1) C'est une question beaucoup *trop* compliquée.

(2) Pour regarder passer, *très* loin au-dessous de lui, un char à bœufs, il s'arrêta un instant, pensif.

(assez, beaucoup, combien, moins, pas mal, un peu, tant 등은 de를 앞세운 보어를 취한다.)

(3) C'est que tu n'avais pas encore assez *de forces*.

(4) Il a gagné *pas mal d'argent*.

i) bien도 부정관사의 복수, 부분관사를 앞세우는 보어를 취해서 수량부사로 쓰인다.

Je vous ai donné bien *des tracas* et *de la peine*.

또한 -ment형의 부사가 수량을 의미하는 것일 때도 그 보어 앞에는 de가 쓰인다.

(5) Et aucune grande personne ne comprendra jamais que ça a tellement *d'importance*!

(6) Médiocrement *de monde* a été au conférence.

-ment으로 끝나는 양태의 부사는 그에 상응하는 형용사에 따르는 전치사(à, de, avec, *etc.*)를 중간에 두고 보어를 취한다.

(7) Contrairement *à la coutume*, la porte-cochère n'était pas fermée.

(8) Elle donnera son avis conformément *à la conception* qu'elle soutient.

(9) Pour Chateaubriand, les mots sont essentiellement des sons qui, indépendamment *de leur signification intellectuelle*, traduisent des émotions.

(10) Il venait d'héritier, conjointement *avec ses deux beaux*

frères, des biens de son oncle.

(11) Probablement *que Julien avait marché avec imprudence.*

(12) Peut-être *qu'on a exagéré*, dit le supérieur.

(13) Heureusement, disait Mme de Blauve, *qu'il m'en reste un.*

(이런 경우의 que는 단순한 연결어이므로 생략되어도 좋다: Heureusement qu'il est venu. = Heureusement il est venu.)

alors *que P*, tant *que P*, aussitôt *que P*, bien *que P*, maintenant *que P*, encore *que P*와 같은 것에 있어서 que P는 앞에 있는 부사의 보어이다.

(14) Mais comment tenir pendant trois mois alors *qu'il ne reste que pour six semaines de vivres dans nos greniers*?

(15) Il est honnête, encore *qu'il soit pauvre.*

비교를 표시하는 부사(plus, moins 등)는 que를 앞세운 보어를 취한다.

(1) Jésus, pas plus *que ses compatriotes*, n'avait l'idée d'une science médicale rationnelle.

(2) Il n'y a rien de plus humiliant *que d'avoir l'air pauvre au milieu de femmes riches.*

(3) La littérature des petites nations agit par la traduction plus *que par le texte.*

(4) Avec des lignes d'une régularité presque classique, elle était

moins jolie *que belle.*

que 이하가 완전한 절의 형태일 때가 있다. 이 때의 que는 절을 이끄는 접속사의 기능을 겸한다.

(5) Tout était plus difficile *que je ne l'avais cru.*

(6) Quoi de plus naturel *que Molière soit alors entré en relations avec elle*?

이러한 que 뒤에 quand, si 등을 앞세우는 부사절이 바로 쓰이기도 한다. 이런 경우는 quand P, si P에 대한 주절이 생략된 형식이라 하겠다.

(7) Je veux être sûre de tout aujourd'hui et que cela soit aussi beau *que quand j'étais petite*—ou mourir. (... que cela était beau quand j'étais petite).

(8) Je l'aime autant *que si c'était ma tante à moi.* (... que je l'aimerais si …)

다음 문장에서의 si P도 비교의 부사 comme의 보어라 하겠다.

(9) Elle m'accueillit comme *si rien ne s'était passé depuis notre séparation.*

i) 비교의 부사는 아니지만, ailleurs, autrement도 que를 앞세운 보어를 취

한다.

a. Elle veut trouver son bonheur ailleurs *que dans mon sacrifice.*

b. Je veux dire qu'elle y tient autrement *que nous ne nous l'imaginions.*

13. 전치사의 보어

전치사에 의해 지배되는 어구를 전치사의 보어라고 한다. 그것에는 명사, 대명사 및 이에 상당하는 범주들이 쓰인다.

(1) Une horloge sonne la demie de *dix heures* et je me mets en *route.*

(2) Sauf *un banc* dans *le fond* et *une table* près de *la porte*, il n'y a pas de quoi s'asseoir.

(3) La discussion entre *nous* n'était pas possible.

(4) Et ces hommes, qui selon vous n'aimaient pas leur pays, ont plus fait pour *lui* que vous ne ferez jamais pour le *vôtre.*

(5) Mais il y a du vrai dans *ce* que vous dites.

(6) L'Abbé Corentin médita sur *ce qu'il venait de faire.*

(7) Hier, j'ai vu un ami avec *qui* j'avais fait jadis le tour de la Normandie.

(8) J'ignore sur *quoi* il fonde sa prétention.

(9) C'est un changement abstrait qui ne se pose sur *rien.*

(10) Les hommes de *chez toi* cultivent cinq mille roses dans un même jardin.

(11) Je veux bouleverser le monde jusque *dans ses fondements.*

(12) Dès *avant ta naissance*, ta destinée était certaine.

(13) Il n'avait pas l'air d'*écouter.*

(14) Elle se rappelait peu son enfance, et n'aimait pas à *en parler.*

(15) Vous ne savez pas beaucoup le français pour *l'avoir étudié* si longtemps.

(16) Depuis *quand* est-il ton amant?

(17) Mais il y a très longtemps, j'ai eu l'occasion de passer par *ici.*

(18) J'ai toujours parlé assez clairement pour *que la confusion devînt impossible.*

보어절 que P를 de, à, en과 같은 전치사의 보어로 사용할 때에는 허사적인 ce를 중간에 두어야 한다.

(19) *De ce qu'il ne répond rien*, il ne faut pas conclure qu'il est tout ignorant.

(20) A quoi voyez-vous cela? —A *ce que la clef est dans la serrure.*

(21) Les sciences sont donc très utiles, *en ce qu'elles guérissent les peuples des préjugés destructifs.*

(22) Un silence aigu, quand la nuit on retient son souffle pour entendre. Un silence mélancolique, si l'on se souvient de *qui l'on aime.*

(23) Mes parents lui ont arrangé notre ancienne chambre en

cabinet de consultation, pour *quand il aura de la clientèle.*

(24) C'est pour *s'il y avait une guerre*?

(25) Mais, celle-là avait germé un jour d'une graine apportée d'*on ne sait où.* (celle-là = cette fleur)

(26) Ceci est la preuve, cher Monsieur, de *combien on doit se défier des suppositions hâtives.*

■ 참고문헌

김석근, 불문의 이해, 서울: 신아사, 1997.

오원교, 프랑스語의 文章構造, 서울: 형설출판사, 1972.

______, Grammaire Française: Cours Moyen, 서울: 학문사, 1981.

이정민, 배영남, 언어학 사전, 서울: 박영사, 1993.

조성식, 영어학 사전, 서울: 신아사, 1990.

Allaire, S.,"Le Syntagme ≪le fait que ≫", *Le Farnçais Moderne*, 4, pp. 308-337, 1975.

Borillo, A., *Exercices de Syntaxe Transformationnelle du Français*, Paris: Armand Colin, 1974.

Chiss, J.-L., *Linguistique Française*(1-2), Paris: Hachette, 1993.

Chomsky, N., *Lectures on Government and Binding*, Dordrecht: Foris Publications, 1981.

________, *Knowledge of Language: Its Nature, Origin, and Use*, New York: Praeger, 1986a.

________, *The Minimalist Program*, Cambridge, Mass., MIT Press, 1995.

________, ≪Minimalist Inquiries: the Framework ≫, R. Martin, D. Michales & J. Uriagereka(eds.), *Step by Step: Essays on Minimalist Syntax in Honor of Howard Lasnik*, 89-155, Cambridge, Mass., MIT Press, 2000.

________, ≪Derivation by Phase ≫, M. Kenstowicz(ed.), *Ken Hale: A Life in language*, Cambridge, Mass., MIT Press, 2001.

Delaveau, A., K, Françoise., *Probièmes et Exercices de Syntaxe Française*, Paris: Armand Colin, 1985.

Deloffre, F., *La Phrase Française*, Paris: Société d'Edition d'Enseignement Supérieur, 1967.

Dubois, J., et F. Dubois - Charlier, *Eléments de Linguistique Française: Syntaxe*, Paris: Larousse, 1970.

________, et R. Lagane, *La Nouvelle Grammaire du Français*, Paris: Larousse, 1973.

________, et als, *Dictionnaire de Linguistique*, Paris: Larousse, 1973.

Grevisse, M., *Le Bon Usage*, Gembloux : Duculot, 1986.

Gross, G., "Réflexions sur la Notion de Locution Conjonctive", *Langue Française*, 77, pp. 19-36, 1988.

Gross, M., *Grammaire Transformationnelle du Français : Syntaxe du Verbe*, Paris : Larousse, 1968.

________, *Méthodes en Syntaxe*, Paris : Hermann, 1975.

Guiraud, P., *La Syntaxe du Français*, Paris : Presses Universitaires de France, 1974.

Huot, H., *Recherches sur la Subordination en Français*, Thèse Doctorat d'Etat, Université de Paris 8, 1979.

________, *Constructions Infinitives du Français : Le Subordonnant 'De'*, Genève - Paris : Droz, 1981.

Kayne, R., *French Syntax*, Cambridge, Mass. : MIT Press, 1975.

Milner, J.-Cl., *De la Syntaxe à l'Interprétation*, Paris : Seuil, 1978.

________, Le Système de la Négation en Français et l'Opacitédu Sujet, *Langue Française*, 44, pp. 80-105, 1979.

Nique, Ch., *Grammaire Générative : Hypothèses et Argumentations*, Paris : Armand Colin, 1978.

Picabia, L. et A. Rouveret, *La Nouvelle Syntaxe*, Paris : Seuil, 1987.

Radford, A., *Transformational Grammar : A First Course*, Cambridge University Press, 1988.

________, *Syntactic theory and the structure of English*, Cambridge University Press, 1997.

________, *Minimaliste Syntax*, Cambridge University Press, 2004.

Réquédat, F., *Les Constructions Verbales avec l'Infinitif*, Paris : Hachette, 1980.

Ruwet, N., *Théorie Syntaxique et Syntaxe du Français*, Paris : Seuil, 1972.

________, *Grammaire des Insultes et Autres Etudes*, Paris : Seuil, 1982.

Sandfeld, K., *Syntaxe du Français Contemporain : Les Propositions Subordonnées*, Genève : Droz, 1965.

________, *Syntaxe du Français Contemporain : L'infinitif*, Genève : Droz, 1965.

■ 찾아보기

ㅊ

ㅌ

ㅍ

ㅎ

김석근

경북대학교 사범대학 불어교육과 졸업
서울대학교 대학원 불어불문학과 졸업(문학석사)
경북대학교 대학원 불어불문학과 졸업(문학박사)
현재 경상대학교 인문대학 불어불문학과 교수

저서
불문의 이해(신아사, 1997)
언어학 개론(경상대출판부, 2004)
프랑스어 음성과 음운의 이해(도서출판 영한, 2012) 등

프랑스어 통사론

초판 1쇄 발행 _ 2016년 9월 30일

저 자 · 김 석 근
발행인 · 정 현 걸
발 행 · 신 아 사
인 쇄 · 예지인쇄
주 소 · 서울특별시 은평구 통일로 59길 4 (2층)
전 화 · (02) 382-6411 팩스 · (02) 382-6401
홈페이지 · www.shinasa.co.kr
E-mail · shinasa@daum.net
출판등록 · 1956년 1월 5일 (제 9-52호)

ISBN : 978-89-8396-954-5(93760)

정가 12,000원